江苏省地方标准

光纤传感式桥隧结构健康监测系统设计、施工及维护规范

Specifications for structural health monitoring system design, construction and maintenance of bridges and tunnels based on fiber optic sensing

DB 32/T 2880—2016

主编单位：东南大学
江苏省交通科学研究院股份有限公司
江苏华通工程检测有限公司
批准部门：江苏省质量技术监督局
实施日期：2016 年 04 月 10 日

人民交通出版社股份有限公司

图书在版编目(CIP)数据

光纤传感式桥隧结构健康监测系统设计、施工及维护规范 / 东南大学等主编. — 北京 : 人民交通出版社股份有限公司, 2018.12

ISBN 978-7-114-13532-3

Ⅰ. ①光… Ⅱ. ①东… Ⅲ. ①光纤传感器—应用—桥—监测系统 Ⅳ. ①U446.2

中国版本图书馆 CIP 数据核字(2016)第 308130 号

书　　名: 光纤传感式桥隧结构健康监测系统设计、施工及维护规范
著 作 者: 东南大学
江苏省交通科学研究院股份有限公司
江苏华通工程检测有限公司
责任编辑: 黎小东
责任校对: 刘　芹
责任印制: 张　凯
出版发行: 人民交通出版社股份有限公司
地　　址: (100011)北京市朝阳区安定门外外馆斜街 3 号
网　　址: http://www.ccpress.com.cn
销售电话: (010)59757973
总 经 销: 人民交通出版社股份有限公司发行部
经　　销: 各地新华书店
印　　刷: 北京市密东印刷有限公司
开　　本: 880×1230　1/16
印　　张: 7.75
字　　数: 227 千
版　　次: 2018 年 12 月　第 1 版
印　　次: 2018 年 12 月　第 1 次印刷
书　　号: ISBN 978-7-114-13532-3
定　　价: 60.00 元

目　次

前　言

本规范是根据江苏省质量技术监督局文件《关于下达2014年度第二批江苏省地方标准项目的通知》(苏质监标发[2014]126号)的要求而制定。在编制过程中,编制组经过广泛调查研究,认真总结实践经验,参考有关国际标准、规范与实践,并广泛征求意见,最后经审查定稿。

当前主要困扰土木交通工程结构健康监测的核心问题包括:一是传感技术,以应变传感器为代表的局部传感技术受局部信息影响大,难以客观准确反映结构的真实状态,捕捉损伤如同大海捞针;而以加速度计等为代表的整体传感技术只能反映结构的整体宏观状态,对结构局部状态变化不敏感,而且,传统传感器的耐久性和长期监测稳定性较差,与土木交通工程结构健康监测的长期要求存在不适宜性。二是,当前土木交通工程中常用的结构性能与损伤识别方法多针对均质和小型结构,对于大型且非均质的土木交通工程结构,存在较大的误差。本规范针对上述问题,对当前国内外适合于土木工程结构的光纤传感器进行了总结,筛选出了适合土木交通工程用的光纤传感器,并对其选择、安装、保护和管养进行规范;同时,建立了适合交通基础设施结构状态参数及损伤识别、异常分析与预警、性能评估与预测的方法规范。

本规范共分13章,主要技术内容有:光纤传感式结构健康监测系统设计、光纤传感技术、传感器布设与优化、传感器现场安装与施工、数据采集与处理、结构状态参数与损伤识别、结构性能评估与预测以及系统验收与维护。

本规范由江苏省交通运输厅归口管理,由东南大学与江苏省交通科学研究院股份有限公司负责具体技术内容的解释。执行过程中如有意见或建议,请寄送东南大学城市工程科学技术研究院(地址:南京市江宁区东南大学路2号土木教学科研楼4楼,邮编:211189),以供今后修订时参考。

主 编 单 位:东南大学
江苏省交通科学研究院股份有限公司
江苏华通工程检测有限公司

主　　　编:吴智深
副　主　编:张宇峰　杨才千
主要起草人员:万春风　方　达　洪　万　唐永圣　孙　安　张　建　孙　震　袁微微
杨书仁　黄　璜

主　　　审:夏叶飞　徐赵东
主要审查人员:朱晓文　张红雷　何　一

光纤传感式桥隧结构健康监测系统设计、施工及维护规范

1 范围

本规范规定了光纤传感式桥隧结构健康监测系统设计、施工及维护的术语和定义、符号及代号、总则、结构健康监测系统设计、光纤传感技术、传感器布设、传感器现场安装与施工、数据的采集处理传输与存储管理、结构状态参数与损伤识别、结构性能评估与预测以及系统验收与维护。

本规范适用于光纤传感技术在桥隧工程结构上的应用，也适用于其他相关的土木工程结构。

2 规范性引用文件

下列文件对于本规范的应用是必不可少的。凡是注日期的引用文件，仅注日期的版本适用于本规范。凡是不注日期的引用文件，其最新版本(包括所有的修改单)适用于本规范。

JG/T 422—2013　土木工程用光纤光栅应变传感器
JG/T 421—2013　土木工程用光纤光栅温度传感器
BS EN 61757-1—2012　光纤传感器　总规范
GB 50010—2010　混凝土结构设计规范
CJJ 166—2011　城市桥梁抗震设计规范
GB/T 18459　传感器主要静态性能指标计算方法
JTG D62—2004　公路钢筋混凝土及预应力混凝土桥涵设计规范
GB 50026　工程测量规范
GB 50308　城市轨道交通工程测量规范
CECS 333:2012　结构健康监测系统设计标准
GB/T 12897　国家一、二等水准测量规范
JGJ 8　建筑变形测量规范
CJJ 99　城市桥梁养护技术规范
GB 50982—2014　建筑与桥梁结构监测技术规范
GB 50311—2007　综合布线系统工程设计规范
GB/T 16656—1998　工业自动化系统和集成　产品数据表达与交换
GB/T 17045—2008　电击防护　装置和设备
GB/T 20540—2006　测量和控制数字数据通信　工业控制系统用现场总线
GB 19436　机械电气安全
GB/T 7424—2008　光缆总规范
GB/T 50312—2000　建筑与建筑群综合布线系统工程验收规范
GB/T 11022—2011　高压开关设备和控制设备标准
GB/T 15409—2008　同步数字体系信号的帧结构
GB 7251.1—2013　低压成套开关设备和控制设备
JTJ 073.1　公路水泥混凝土路面养护技术规范
JTJ 073.2　公路沥青路面养护技术规范
JTG/T H21—2011　公路桥梁技术状况评定标准

JTG/T J21—2011	公路桥梁承载力检测评定规程
DB/T 29-208—2011	天津市桥梁结构健康监测系统技术规程
JTG H11—2004	公路桥涵养护规范
JTG H12—2003	公路隧道养护技术规范
JTG B02—2013	公路工程抗震规范
JTG D64—2015	公路钢结构桥梁设计规范
JTG D60—2015	公路桥涵设计通用规范
GB/T 20273—2006	信息安全技术　数据库管理系统安全技术要求
DB 14/T 679—2012	公路桥梁检测数据采集技术规程
YD/T 2319—2011	数据设备用网络机柜技术要求和检验方法
YD/T 2022—2009	时间同步设备技术要求
YD/T 1013—2013	综合布线系统电气特性通用测试方法

3　术语和定义

以下术语和定义适用于本规范。

3.1

结构健康监测系统　structural health monitoring system

一种集传感、数据采集与传输、结构状态参数与损伤识别、性能评估与预测技术为一体的自动化、信息化监测系统，主要由传感器及采集仪器设备等硬件系统和数据分析及结构分析等软件系统构成，通过对结构进行连续性（包括实时或不同频度）测试，实现对结构当前及未来服役状况及潜在风险进行分析和评估。

3.2

施工监测　construction monitoring

体现结构设计思路、保证施工过程安全且为施工控制提供数据的一种监测方式。

3.3

运营监测　operation monitoring

为保障被监测对象在运营期间的安全，对其进行测试和提供数据的一种监测方式。

3.4

连续监测　continuous monitoring

以连续或触发控制方式进行不间断测试和提供数据的一种监测方式。

3.5

长期监测　long-term monitoring

在被监测对象整个剩余寿命期间或较长一段时间进行不间断测试和提供数据的一种监测方式。

3.6

在线监测　online monitoring

通过安装在工程结构上的传感系统对被监测对象的状态进行实时连续自动测试、数据处理并上传至用户端的一种监测方式。

3.7

监测频度　monitoring frequency

指单位周期内对被监测对象测试的次数。

3.8

光纤传感技术　fiber optic sensing

利用光纤的光学特性获取或转换环境信息的传感技术,其中包括光纤传感器及其解调设备。

3.9

光纤光栅传感技术　fiber bragg grating sensing

以光纤光栅作为敏感元件,通过外场作用下光纤光栅中心波长变化来获取或转换环境信息的一类光学传感技术,包括光纤光栅传感器及其解调装置。

3.10

基于布里渊散射光纤分布传感技术　brillouin scattering based optic fiber sensing

基于光纤布里渊后散射机理获取或转换环境信息并实现分布传感的一类光学传感技术,包括光纤传感器及其解调装置。

3.11

标距长度　gauge length

指传感器能够进行有效测量部分的长度。

3.12

点传感器　point sensor

测量结果只能反映被测体局部某点被测物理量的局部传感器。

3.13

长标距传感器　long gauge sensor

测量结果能够反映被测体一定特征区域被测物理量并可通过其串联实现区域分布传感的长测量标距传感器。

3.14

分布光纤传感技术　distributed optic fiber sensing

能够测量被测体被测物理量沿空间分布的光纤传感技术,根据被测物理量在空间的分布情况可以分为准分布光纤传感和连续分布光纤传感。

3.15

点式准分布　point quasi distribution

为达到某一特定测量目标,将点式传感器按照设定的密度分布布设在结构适当位置的一种传感器布设方法。

3.16

长标距准分布　long gauge quasi distribution

为达到某一特定测量目标,将长标距传感器按照特定密度分布布设在结构适当位置的一种传感器布设方法。

3.17

传感器优化布置　sensor placement optimization

利用尽可能少的传感器,将其布置在结构的适当位置,使其能够达到特定监测目标的一种传感器布设方法。

3.18

区域分布传感　areas distributed sensing

为实现大型工程结构的早期损伤和全面技术状况监测,在对结构进行易损性分析的基础上将结构分为若干关键区域,并在所划分的关键区域内采用长标距传感器串联进行连续分布监测的一种传感技术。

3.19

全域分布传感　all areas distributed sensing

为达到某一特定测量目标,将长标距传感器串联并在结构上进行完全分布的一种布设方式。

3.20

集中采集 centralized data collection

数据采集设备集中且数据采集统一的一种数据采集方式。

3.21

分散采集 discrete data collection

数据采集设备分散且数据采集不统一的一种数据采集方式。

3.22

混合采集 hybrid data collection

数据采集设备包含集中式和分散式的一种数据采集方式。

3.23

结构群 structure group

由多个相对独立的同一类型结构或不同类型结构所组成的结构集合。

3.24

连续结构群 continuous structure group

由同一个大型基础设施上多个相对独立且在空间上连续分布的结构组成的结构集合。

3.25

分散结构群 discrete structure group

由空间上分散且相对独立的结构组成的结构集合。

3.26

应变模态 strain mode

在特定的固有频率和振型下,结构具有固定的应变分布形状,属于结构的固有振动特性。

3.27

长标距(宏)应变模态 macro-strain mode

在振动的任一时刻,各长标距(宏)应变的比值保持不变,即振动时应变分布形状保持不变,将此振动形式称为长标距(宏)应变模态,属于结构的固有振动特性。

3.28

结构状态参数识别 structural condition parameter identification

基于监测数据及结构特性,分析和推导出反映结构状态的静力参数(曲率、挠度、转角、刚度)、动力参数(频率、振型、阻尼)以及受力特性(内力、荷载)的过程。

3.29

有限元模型修正 finite element model upgrading

依据相关测试结果,利用有效手段修正结构有限元模型参数,使所建立模型能反映结构真实状态的一种模型修正方法。

3.30

损伤识别 damage identification

基于所测量的结构响应数据,分析结构物理参数的变化,进而识别结构损伤的过程,包括疲劳裂纹、支座损伤、索损伤、混凝土开裂、腐蚀等损伤识别。

3.31

荷载识别 load identification

根据所测到的结构应变、位移或其他参量建立模型推算结构荷载的过程。

3.32

变形识别 deformation identification

根据所测量到的结构应变分布建立模型推算结构变形(曲率、挠度、转角)参量的过程。

3.33

维护管理　maintenance and management

为保持工程结构应有的性能而进行的例行检查、修复和管理等活动。

3.34

安全评估　safety assessment

通过各种可能的测试手段，分析结构当前的工作状态，与其临界失效状态进行比较，并评价其安全等级。

3.35

异常分析　abnormity analysis

在结构正常运营条件下，基于结构监测数据，对结构出现与通常不同的表现与特征进行分析。

3.36

损伤早期预测　early damage prediction

通过对结构的高精度监（检）测和异常分析，对结构的初期损伤进行预测和识别的一种方法。

3.37

预警　early-warning

在危险发生前，根据结构监测、损伤诊断和安全评定结果，向相关部门发出紧急（警告）信号的过程。

3.38

报警　warning

结构性能降低导致其功能低于设定值而产生的报警，包括由单纯监测指标超越阈值而触发的异常报警和通过性能评估由综合性能降低而发出的性能报警。

3.39

结构性能三层次评估方法　structural performance tri-hierarchy evaluation

根据结构监（检）测数据和书面材料，针对不同结构的特点，从结构异常分析与预警、结构性能全面评估和结构剩余寿命预测三个层次分析和评估结构性能的一种方法。

3.40

寿命预测　life prediction

通过模型和所测数据对工程结构的安全存在期限的评估和预测。

4　符号及代号

符号及代号见表1。

表1　符号及代号

序　号	符号或代号	意　义
1	$[D]$	许用值或阈值
2	D_{m}	监测值
3	$F_{\mathrm{ii}}^{\varepsilon}$	损伤识别向量
4	I_{c}	基准时点的状态计算值
5	I_{m}	基准时点的监测值
6	$[I]$	阈值

表1 符号及代号(续)

序号	符号或代号	意义
7	K	刚度
8	MMSV	宏应变模态向量
9	N	疲劳寿命
10	n	应力循环次数
11	P	监测值的合理值
12	y	挠度(变形、位移)
13	ϕ	曲率
14	ε	应变
15	$\bar{\varepsilon}$	长标距(宏)应变
16	$\varepsilon(\omega)$	应变模态坐标
17	$\bar{\varepsilon}(\omega)$	宏应变模态坐标
18	γ	光频率
19	λ	波长
20	θ	倾角
21	ψ	模态
22	ξ	阻尼比
23	ω_{n}	固有频率
24	β_i	损伤识别指标
25	$\bar{\delta}_{ir}$	质量归一化第 i 单元的 r 阶模态应变

5 总则

5.1.1 为了规范光纤传感技术在桥梁、隧道等交通工程结构健康监测系统中的应用,提高其使用效率及结构健康监测系统设计、施工和维护管理水平,推动桥隧等交通工程结构的施工、运营及管养的智能化与科学化,特制定本规范。

5.1.2 本规范适用于桥梁和隧道工程长期与短期、整体与局部的健康监测,并可为路面、路基、边坡和港口码头等结构物健康监测提供参考。

5.1.3 系统设计应坚持长远规划的原则,涵盖工程结构的建设及运营整个寿命周期,将施工监测、运营监测与管理相结合,具有连续性和长期性。

5.1.4 结构健康监测系统应满足用户及功能性需求、安全可靠、技术先进、经济合理、维护便利。

5.1.5 传感元器件应具有良好的保护措施和可维护性,并根据实际需要保证其设计使用寿命和足够的耐久性;传感元器件更换时,需考虑数据的延续性和可继承性。

5.1.6 基于光纤传感的结构健康监测系统设计、施工与维护,除应执行本规范外,还应符合国家及行业现行有关标准与规范的规定。

6 基于光纤传感的结构健康监测系统设计

6.1 一般规定

6.1.1 基于光纤传感的桥隧等交通工程结构健康监测系统设计应根据监测目的、对象及项目的特点及精度要求以及场地条件和当地工程经验等综合确定，并应经济合理、维护方便。

6.1.2 监测设备和传感元器件应满足监测精度、量程和耐久性要求，并应稳定、可靠，监测过程中应定期进行监测设备的维护、保养和校准。

6.1.3 选用的光纤传感器应具备性能稳定可靠、抗干扰能力强、耐久性好等特点。

6.1.4 监测系统的硬件应具有良好的可维护性、可更换性，监测系统的软件应具有兼容性、可扩展性、易维护性，且监测系统软件应与硬件相匹配。

6.1.5 应根据监测目的、监测内容、结构荷载形式和结构受力特点，综合选择传感器类型、布置方式、数据采集与传输方式以及结构性能评估与预测指标。

6.1.6 监测系统在实施安装前应结合业主、设计方和施工方的意见确定实施方案，不能对工程结构造成破坏和影响其美观。

6.1.7 应根据监测目的与需求、结构重要性及现场条件等，按表2选择结构健康监测系统类别。

表2 结构健康监测系统类别

<table>
<tr><th>结构类型</th><th>监测类型</th><th>系统类别</th><th>传感器要求</th><th>监测频度</th><th>采集设备位置</th><th>采集硬件的分布方式</th></tr>
<tr><td rowspan="5">单体结构 A</td><td rowspan="3">长期监测</td><td>A1</td><td rowspan="3">传感器寿命满足长期监测要求</td><td>实时在线监测</td><td>采集设备在现场或附近采集站</td><td rowspan="5">集中采集</td></tr>
<tr><td>A2</td><td>周期性监测（1天数次至1年数次）</td><td>采集设备在现场或附近采集站</td></tr>
<tr><td>A3</td><td>定期或不定期巡检（1个月数次至1年数次）</td><td>自带采集设备</td></tr>
<tr><td rowspan="2">短期监测</td><td>A4</td><td rowspan="2">传感器寿命满足短期监测要求</td><td>实时在线监测</td><td>采集设备在现场或附近采集站</td></tr>
<tr><td>A5</td><td>定期或不定期监测</td><td>自带采集设备</td></tr>
<tr><td rowspan="3">连续结构群 B</td><td rowspan="3">长期监测</td><td>B1</td><td rowspan="3">传感器寿命满足长期监测要求</td><td>实时在线监测</td><td>采集设备在区域工作站</td><td rowspan="3">分散采集或混合采集</td></tr>
<tr><td>B2</td><td>周期性监测（1天数次至1年数次）</td><td>采集设备在区域工作站</td></tr>
<tr><td>B3</td><td>定期或不定期巡检（1个月数次至1年数次）</td><td>自带采集设备</td></tr>
</table>

表2　结构健康监测系统类别(续)

结构类型	监测类型	系统类别	传感器要求	监测频度	采集设备位置	采集硬件的分布方式
连续结构群 B	短期监测	B4	传感器寿命满足短期监测要求	实时在线监测	采集设备在区域工作站	分散采集或混合采集
		B5		定期或不定期监测	自带采集设备	
分散结构群 C	长期监测	C1	传感器寿命满足长期监测要求	实时在线监测	采集设备在现场或附近采集站	分散采集或混合采集
		C2		周期性监测(1天数次至1年数次)	采集设备在现场或附近采集站	
		C3		定期或不定期巡检(1个月数次至1年数次)	自带采集设备	
	短期监测	C4	传感器寿命满足短期监测要求	实时在线监测	采集设备在现场或附近采集站	
		C5		定期或不定期监测	自带采集设备	
注:采集硬件的分布方式(集中采集、分散采集、混合采集)详见第10章内容。						

6.2　监测内容

应根据监测目的、监测目标和结构性能评估指标,按表3合理选择监测内容,也可以根据监测需求适当增加表中未包括的监测内容。

表3　结构监测内容

监测内容类别		监测内容	监测内容选择							
			梁桥	刚构桥	拱桥	桁架桥	斜拉桥	悬索桥	隧道 盾构法	隧道 新奥法
温度、荷载与内力	温度	主梁内外温度	★	★			★	★		
		主拱温度			★					
		桁架杆件温度				★				
	荷载	车重、轴数、轴重、车速	★	★	★	★	★	★		
	土压力	隧道管片压力							★	
	锚杆应力	隧道锚杆应力								★

表3　结构监测内容(续)

监测内容类别		监测内容	监测内容选择							
			梁桥	刚构桥	拱桥	桁架桥	斜拉桥	悬索桥	隧道	
									盾构法	新奥法
温度、荷载与内力	索力	斜拉索索力					★			
		吊杆索力			★			★		
		系杆内力			★					
结构整体状态参数(响应)	变形	主梁挠度	★	★			★	★		
		桁架挠度				★				
		主拱及桥面板(主梁)挠度			★					
		隧道纵向沉降							★	★
		隧道环向变形							★	★
	动力特性	自振频率	★	★	★	★	★	★		
		阻尼比	★	★	★	★	★	★		
结构局部状态参数(响应)	应变(应力)	主梁应变	★	★			★	★		
		桥塔应变					★	★		
		主缆应变						★		
		主拱应变			★					
		桁架杆件应变				★				
		预应力筋应变	★	★						
		隧道管片应变							★	
		隧道衬砌应变								★
	动力特性	主梁应变模态	★	★			★	★		
		主拱应变模态			★					
		桁架应变模态				★				
	裂缝	混凝土结构裂缝	★	★	★		★	★		
	接缝	隧道管片接缝							★	
	腐蚀	钢筋腐蚀	★	★	★		★	★		
		钢构件腐蚀				★				
		钢连接件腐蚀	★	★	★	★	★	★	★	★

注:★为可选监测内容,具体选择方法应根据监测目的而定。

6.3　系统功能设计

6.3.1　光纤传感式桥隧结构健康监测系统应包括传感子系统、数据采集及传输子系统、数据存储与管理子系统、结构状态参数及损伤识别子系统和结构性能评估与预测子系统(表4)。

表 4　结构健康监测系统功能

系统构成	主要功能
传感子系统	传感器类型、传感器参数、传感器的优化布置、测点位置
数据采集及传输子系统	数据采集方式、传输方式
数据存储与管理子系统	数据的存储、查询及数据库管理
结构状态参数及损伤识别子系统	数据预处理、参数识别、损伤识别
结构性能评估与预测子系统	结构异常分析与预警、结构性能评估及预测并给出桥梁维护建议

6.3.2　传感子系统：应根据监测目的、结构类型、受力特点和荷载形式选择合适的光纤传感器，并应根据监测目的对其布设方案进行优化。具体详见本规范第 8 章。

6.3.3　数据采集及传输子系统：应根据监测目的、监测内容、结构荷载形式选择合适的采样频率，数据传输应结合现场条件选择传输方式。

6.3.4　数据存储与管理子系统：数据库设计应遵循数据库系统的可靠性、易操作性、先进性、开放性、可扩展性、标准化和经济性的基本原则。

6.3.5　结构状态参数及损伤识别子系统：对采集软件所采集的数据进行降噪和滤波等预处理；对结构状态参数（荷载、变形、动力特性、刚度等）进行识别，计算结构损伤识别指标，对结构进行损伤定位和损伤定量。

6.3.6　结构性能评估与预测子系统：根据结构状态参数及损伤识别子系统的输出结果（状态参数及损伤识别结果），对结构进行性能评估与预测（阈值报警、承载力评估、寿命预测等）。

6.4　系统构建

6.4.1　光纤传感式桥隧结构健康监测系统构建应综合考虑结构类型、监测类型、监测频度、采集硬件的分布方式、数据传输方式、监测内容和监测系统功能等因素。

6.4.2　对于单体结构，当监测类型为长期监测时，传感器应根据长期监测需求进行设计（第 7 章），监测频度根据需求选择实时在线监测、周期性监测、定期或不定期巡检，采集设备位置可根据监测频度选择采集设备在现场或附近采集站、自带采集设备，采集硬件的分布方式为集中采集（第 10 章），数据解析选择在现场、附近采集站、监控中心进行。当监测类型为短期监测时，传感器应根据短期监测需求进行设计，监测频度可根据需求选择实时在线监测、定期或不定期巡检，采集设备位置可根据监测频度选择采集设备在现场或附近采集站、自带采集设备，采集硬件的分布方式为集中采集，数据解析选择在现场、附近采集站、监控中心进行。

6.4.3　对于连续结构群，应沿着结构群长度方向上分为若干个子区域，传感器要求、监测频度同单体结构，采集设备位置可根据监测频度选择采集设备在区域工作站（如高速公路服务区、高铁站）、自带采集设备，采集硬件的分布方式为集中采集或混合采集（第 10 章），采集站-监控中心之间数据传输结构为树形结构。

6.4.4　对于分散结构群，应根据结构群的分布范围分为若干个子区域，传感器的要求及监测频度同单体结构，采集设备位置可根据监测频度选择采集设备在区域工作站、自带采集设备，采集硬件的分布方式为集中采集或混合采集（第 10 章），采集站-监控中心之间数据传输结构为星形结构。

7　光纤传感技术

7.1　一般规定

7.1.1　传感性能

a)　测量量程。光纤传感器及数据采集装置选择应满足被监测对象工况条件和测量范围需求，光纤传感器应具有承受测量范围上限值1.2倍的变形能力。

b） 精度及稳定性。光纤传感器及其采集装置应有良好的测量稳定性和重复性，对于长期测量或健康监测，传感元器件需要有良好的长期传感稳定性和耐久性。

c） 分辨率。传感器的分辨率必须满足工况条件及监测精度要求，应能反映被测物理量的最小变化范围，并满足现行国家标准《传感器主要静态性能指标计算方法》（GB/T 18459）的要求。

d） 模数。在满足测量和信号传输的条件下，优先选用低模数的光纤。

e） 带宽及色散。根据测量需求，选择适宜带宽、模数及低色散的光纤。

7.1.2 施工性

a） 在满足信号传输要求的条件下，宜选择直径小、轻质且保护性能优良的光缆线。

b） 多路光纤传感器的信号传输时，宜采用多芯铠装光缆。

c） 便于连接及安装，易形成光纤传感系统，后期维护便利。

7.1.3 耐久性

a） 对于长期监测系统，所选传感元器件应具有足够的寿命及耐久性，符合国家相关规定；可更换元件寿命宜5年以上，重要、难以更换的元件寿命宜20年以上；如有特殊需求的，根据需求和技术水平设计。

b） 用于长期健康监测时，光纤传感器应具备优良的疲劳寿命，宜不小于2×10^6次。

c） 对于短期监测系统，应根据实际需求选择和设计传感元器件的寿命及耐久性能。

7.2 点式光纤传感技术

7.2.1 一般规定

a） 标距长度小于10cm，相对于被测结构或反映结构被测物理量的特征尺度可视为“点”。

b） 一般只能反映被测结构局部或某点的物理量变化。

c） 点式准分布。将点式传感器按照特定的密度分布布设在结构的适当位置，并用一根或一组光纤串联。

7.2.2 光纤光栅（FBG）传感器

a） 应变及温度传感。测量过程中需考虑应变和温度对传感器波长变化的影响。

b） 测量精度。应变测量精度高于5.0με，温度测量精度高于1.5℃。

c） 采样频率。1Hz～1 000Hz。

d） 封装保护。在桥梁、隧道等交通工程结构上长期测量时，需对FBG传感器进行封装和保护，封装锚固段的长度必须大于有效黏结滑移长度。

e） 多点准分布测量应满足以下要求：

1） 相邻两FBG传感器首尾熔接或法兰连接，连接后光强度衰减必须满足解调仪器设备衰减要求。

2） 应根据所测量物理量的变化范围，设计所串联FBG传感器的中心波长范围，必须避免测量中中心波长的重叠。

3） 熔接时，严格控制接头处的光强损失（<0.03dB/接头），且必须对熔接端进行保护，避免熔接处弯折。

4） 相邻互相连接的FBG传感器之间应留有足够的熔接长度，不宜小于25cm。

f） 适宜检测对象。工程结构中的均质构件，如钢桁架桥梁的钢构件、悬索桥中的钢悬索等；混凝土的局部应变、钢筋应力应变、索力、土压力、腐蚀与结构挠度等。

7.2.3 珐珀(Fabri-Perot:F-P)光纤传感器

a) 应变测量。应变可采用式(1)计算。

$$\varepsilon = \frac{\Delta L_{cavity}}{L_{gauge}} \tag{1}$$

式中:ΔL_{cavity}——腔长变化;

L_{gauge}——标定腔长。

b) 标距长度。F-P 光纤传感器的空腔长度宜为几微米至数十微米。

c) 温度补偿及校准。可不进行温度补偿和降低校准频次,不宜进行分布布设。

d) 适宜检测对象。工程结构中的均质构件,如刚桁架桥梁的钢构件、悬索桥中的钢悬索等;混凝土开裂前的局部应变、钢筋应力应变、索力、土压力与腐蚀等。

7.2.4 光纤光栅加速度传感器

a) 加速度测量系统。包括加速度传感器、光纤解调及数据动态分析系统,通过傅立叶变换等手段获得加速度。

b) 种类划分。桥梁、隧道等交通工程结构加速度测试可选用光弹效应加速度计、光波导加速度计、光干涉型加速度计,其中宜选用 FBG 光传感系统。

c) 性能需求。温度范围 -20℃ ~50℃,测量频率≥100Hz,测量范围 0 ~50m/s^2,分辨率 0.01% F.S.。

d) 适宜检测对象。交通工程结构中各类桥梁的加速度。

7.3 基于布里渊散射的分布光纤传感技术

7.3.1 一般规定

a) 适宜于桥梁、隧道等交通工程结构监测的布里渊分布光纤传感技术主要包括 BOTDR、BOTDA 及 PPP-BOTDA 分布光纤传感技术等。

b) 布里渊散射光纤传感技术宜用于监测温度和应变,分布探测的距离不宜超过 20km。

c) 对于布里渊的长标距测量,两测量点的长度必须不小于所对应的空间分辨率。

d) 适宜长距离大范围的静态及拟静态测量,空间分辨率应在 10cm ~100cm 范围内选择。

7.3.2 BOTDR 分布光纤传感技术

a) 测量精度。应变测量精度为 ±(40 ~100)με,空间分辨率为 1.0m。

b) 测量速度。每次测量数分钟至数十分钟。

c) 适宜测量对象。混凝土桥梁、隧道等长距离大范围的混凝土开裂监测以及路面、边坡的位移、沉降、开裂监测与预警。

7.3.3 BOTDA 分布光纤传感技术

a) 测量精度。应变测量精度为 ±(25 ~50)με。

b) 测量速度。每次测量数分钟至数十分钟,根据测量的长度而异。

c) 适宜测量对象。混凝土桥梁、隧道等长距离大范围的混凝土开裂监测以及路面、边坡的位移、沉降、开裂监测与预警。

7.3.4 PPP-BOTDA 分布光纤传感器

a) 测量精度。应变测量精度为 ±15με,空间分辨率为 10cm。

b） 测量速度。数十赫兹至数分钟/次，可实现局部范围内的动态测量，测速因测量范围而异。

c） 适宜测量对象。混凝土桥梁、隧道等长距离大范围的混凝土开裂监测、静态与准动态应变以及局部范围内的动态监测等。

7.4 长标距光纤传感技术

7.4.1 一般规定

a） 标距长度应大于 10cm，相对于被测结构特征物理量的尺度范围不能视为"点"。

b） 应能反映被测结构一定区域或特征尺度范围内的物理量变化，适宜大型交通工程结构，特别是混凝土工程结构。

c） 能准确反映被测结构特征区域的物理量，应在任何安装形式下均能形成标距段均匀应变场并具有长标距传感特性。

d） 长标距准分布布设，应根据工程结构易损性分析将长标距传感器按照特定密度分布布设在结构的适当位置。

e） 适宜测量对象为各类桥梁、隧道等交通工程结构的长距离大范围动、静态监测与检测。

f） 宜选用长标距 FBG 光纤传感技术、长标距布里渊光纤传感技术和 SOFO 光纤传感技术。

7.4.2 长标距 FBG 传感器

a） 长标距封装。宜采用高耐久性的材料进行长标距封装，应在标距范围内形成均匀的应变场。根据工况条件，标距长度宜在 10cm～200cm 范围内选定。长标距封装原则如下：

  1） 标距长度宜在 10cm～200cm 范围内根据工况条件选择，所测量对象为非均质时的标距长度通常宜大于所测量对象为均质时的标距长度。

  2） 封装后传感器的线性度、精度及灵敏度应不低于封装前的相应传感性能。

  3） 长标距 FBG 传感器在标距范围内应形成均匀应变场，应变不均匀度应小于 1.0%。

  4） 封装后传感器应结实可靠，其耐久性和长期检测的稳定性应满足测量工况要求。

b） 多点准分布测量参照本规范第 7.2.2 条相关要求。

c） 长标距封装后性能要求如下：

  1） 在长标距范围内形成稳定的应变场，测量数据稳定、可靠。

  2） 抗噪声干扰能力强。

  3） 可实现结构局部和整体监测的结合。

  4） 通过长标距封装后，传感器应具有良好的耐久性（宜不低于 5 年）和长期监测稳定性（误差宜小于 0.5%F.S.）。

d） 适宜检测对象。适合监（检）测交通工程结构中混凝土构件或大尺度构件，如混凝土桥梁的混凝土梁、桥墩、混凝土的开裂及其裂缝发展；上述交通基础设施工程结构的平均应变、加速度、挠度、地基与基础的变形等。

7.4.3 长标距布里渊光纤传感器

a） 长标距封装参照本规范第 7.4.2 条长标距 FBG 传感器的封装结构。

b） 长标距封装原则如下：

  1） 标距长度须大于布里渊光纤传感的空间分辨率。

  2） 标距长度应根据工况条件在空间分辨率至 2.0m 范围内选择。

  3） 封装后长标距布里渊光纤传感器的线性度、精确度及灵敏度应不低于封装前的性能。

  4） 在长标距布里渊光纤传感器的标距长度范围内形成均匀应变场，标距范围内应变不均匀度应小于1.0%。

5) 封装后传感器应结实可靠,其耐久性和长期检测的稳定性应满足测量工况要求。

c) 多点准分布测量应满足以下要求:

1) 应根据分布测量需求,在一根光纤上每隔设计间距制作1个长标距传感器。

2) 也可制作好长标距布里渊光纤传感器后再进行串联连接,相邻两长标距传感器首尾熔接或法兰连接,连接后光强度衰减应满足解调设备的要求。

3) 熔接时,严格控制接头处的光强损失,且对熔接端进行保护,避免熔接处的弯折。

4) 两相邻长标距传感器之间留有足够的熔接长度,通常不宜小于25cm。

d) 长标距封装后性能要求。参照本规范7.4.2条长标距FBG传感器长标距封装后的性能要求。

e) 适宜检测对象。桥梁、隧道等交通工程结构中非均质构件或大尺度构件,如混凝土桥梁的混凝土开裂及其裂缝发展、结构的平均应变等。

7.4.4 SOFO光纤传感器

a) 系统构成。SOFO光纤传感系统应由传感器、读数仪、数据分析软件和附属设备组成,传感器应由测量光纤和参考光纤组成。

b) 传感标距。标距长度应根据测量需求在250mm~10m范围内选取。

c) 传感特性。SOFO测量精度和分辨率高,但成本高且受信号传输的限制,布点数量有限。

d) 适宜测量物理量及对象。结构重点部位的监测,如混凝土的平均应变、结构关键部位、边坡等的应变、变形或沉降等参数的测量。

7.5 区域分布和全域分布光纤传感技术

7.5.1 一般规定

a) 传感标距长度应满足工况条件对标距长度的要求。

b) 多个长标距光纤传感器应用光纤连接以实现长标距分布传感。

c) 长标距分布传感应分两种方式:区域分布传感和全域分布布设。

d) 适合长距离大范围的工程结构在线监测和定期检测,特别是大型混凝土交通基础设施。

7.5.2 长标距分布光纤传感技术

a) 标距长度。根据工况条件,标距长度宜在10cm~200cm范围内选定;当标距长度大于200cm时,应通过试验确定其有效性。

b) 应变测量精度。应根据测量工况条件以及各长标距传感器及其解调设备性能而定。

c) 测量速度。长标距FBG光纤传感技术与SOFO光纤传感技术宜进行动态或静态测量,长标距布里渊光纤传感器宜进行静态测量。

d) 分布方式。应在对结构采用易损性分析的基础上,确定关键区域,根据具体情况采取区域分布和全域分布测量。

e) 适宜测量对象。适宜交通工程结构的长距离大范围静态检(监)测。

8 传感器布设

8.1 一般规定

8.1.1 传感器布设策略应按照单体结构和结构群两种角度来分析确定;应根据结构类型、重要性、受力特征及易损性分析,确定传感器类型及布设位置,在结构的关键杆件、关键区域或已发生损伤的位置进行重点布设。

8.1.2 根据结构特征、监测内容及需求,选择合适的光纤传感器及其合理布设方式。

8.1.3 传感器布设应同时考虑传感系统的准确性、全面性、实时性、稳定性、长期性和经济性等多种特性要求,进行综合优化,以最小成本达到预期目的。

8.1.4 传感器布设、布线及组网等应根据现场实际条件合理选用,传感器布设不宜损坏结构,若布设过程中确需开槽、钻孔等,则须确保其不会对结构造成实质性损伤和性能下降,且布设完后应立即填补,并做好防护措施。

8.1.5 传感器布设时,应考虑后期可修复性,预留足够的接口,以便于传感器的维护、更换。

8.2 典型监测指标的传感器布设

8.2.1 应变监测

对于钢结构或构件,可采用点式或长标距光纤传感器;对于混凝土结构或构件,宜采用长标距光纤传感器。传感器应沿主应变方向或所需测试应变方向布设,若主应变方向不明确,可采用多个传感器应变花测试方式,在结构上的布设有表面粘贴和内埋两种方式。

8.2.2 裂缝监测

裂缝监测应采用长标距光纤传感器;对于既有裂缝,宜将长标距光纤传感器以垂直裂缝方向跨越裂缝布设,对于未知裂缝,可根据结构受力和易损性分析,在裂缝易发生的关键区域进行分布式布设光纤传感器。

8.2.3 结构接缝或伸缩缝监测

针对结构的接缝或伸缩缝的张开、闭合以及错台现象,宜采用长标距光纤传感器,一字单向或十字双向布设在接缝两侧,标距宜在 0.5m ~ 1.0m 范围内根据监测要求选取。

8.2.4 索力监测

应将光纤传感器沿索或者杆件的轴向布设,宜布设于索或者与索协调变形的杆件外表面,通过应变计算轴向索力。对于斜拉索,也可以通过索的频率推算索力。

8.2.5 土压力监测

对于地下结构的土压力监测,可在结构的关键位置,在结构外表面与土层之间布设光纤土压力计。

8.2.6 转角(倾角)监测

监测转角(倾角)的光纤布设宜采用以下四种方式:双侧满布、单侧满布、关键区域的双侧局部布设和单侧局部布设。

8.2.7 中和轴位置监测

监测中和轴的光纤布设宜采用以下两种方式:双侧布设和单侧布设,如图 1 所示。布设中,应将传感器布设在结构受弯应变最大的位置,如梁的上、下边缘。

8.2.8 曲率监测

监测曲率的光纤布设宜采用以下两种方式:双侧布设和单侧布设。光纤的具体布设可参考和结合中和轴的监测进行光纤布设。

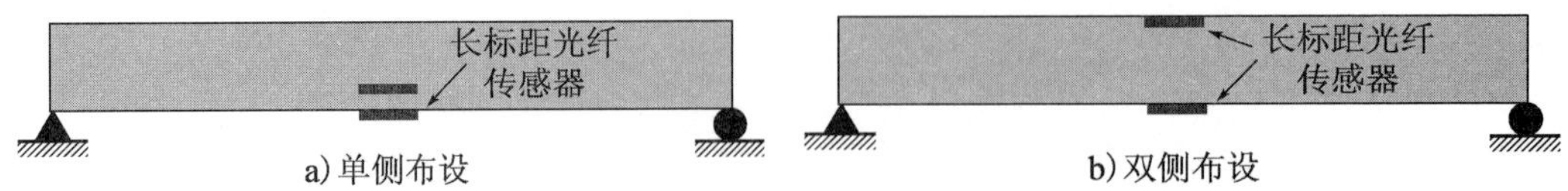

图1 监测中和轴的光纤布设

8.2.9 钢筋锈蚀监测

监测钢筋锈蚀的光纤布设宜采用以下两种方式:错位布设和同位布设,如图2所示。通过监测腐蚀区钢筋及周围混凝土的应变/应力反演钢筋腐蚀。

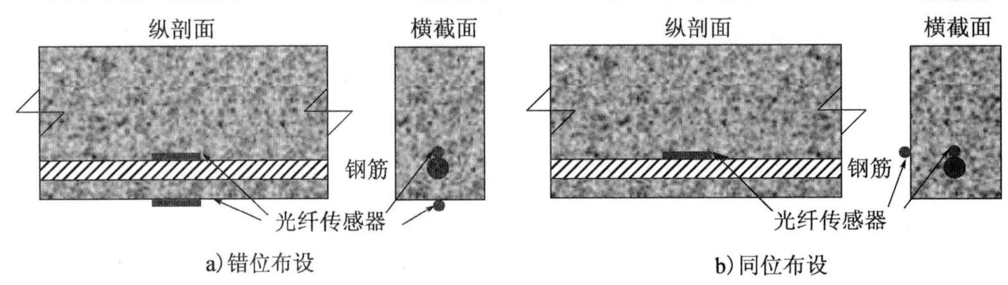

图2 监测钢筋腐蚀的光纤布设

8.2.10 挠度监测

对于钢结构的挠度监测,可采用点式或长标距光纤传感器;对于混凝土结构的挠度监测,宜采用长标距光纤传感器,传感器宜沿结构纵向分布(可根据精度要求和实际布设条件选择准分布、区域分布和全域分布方式)布设,通过共轭梁法等计算方法推算结构的挠度。

8.2.11 频率、振型监测

结构频率测试宜通过在结构上布设一个或多个光纤传感器,对于动态应变进行频域分析获取。对于钢结构,可采用点式或长标距光纤传感器;对于混凝土结构,宜采用长标距光纤传感器。对于结构振型监测,需布设多个光纤传感器,布设时要避开模态节点位置。

8.2.12 受弯杆件的轴力监测

受弯杆件的轴力监测应将光纤传感器在构件的中性轴位置沿构件轴向布设,可采用外贴或内埋方式布设。

8.3 桥梁结构传感器布设

8.3.1 在确定传感器布设方案前,应根据桥梁检测/监测需求,确定需要获取的结构反应信息类型和监测参数,选定合适的光纤传感器类型。

8.3.2 应根据桥梁结构的构造与受力特征以及实际条件合理确定传感器布设位置、数量、布线方式以及传感网络拓扑形式,制订传感器优化布设方案。

a) 宜建立精确的力学模型,对桥梁的内力分布和动力特性做全面的数值分析,寻找结构静动力反应较大的部位,以确定其易损部位,并结合重要性分析,确定其关键构件和关键部位。

b) 应根据现场调研和受力分析结果确定合理的监测位置、数量和安装方式。

8.3.3 传感器布设时应保证有一定的冗余度，应尽量在结构关键部位附近适当多布设若干个传感器，确保在关键区域能有监测数据。

8.3.4 针对桥梁的长期监测，传感器需具有良好的长期稳定测试性能以及良好的测试精度。

8.3.5 桥梁结构的主要监测目的分为两大类：第一，结构安全及耐久性能监控；第二，结构正常使用性能监控。在设计传感器布设方案时，应根据监测目的进行具体设计，当存在多个监测目的时，应能同时满足多个监测目标的需要。

a) 对于以损伤识别为监测目标的光纤传感器布置原则：宜在桥梁关键杆件、关键区域进行区域分布布设。

b) 对于以裂缝为监测目标的光纤传感器布置原则：监测未知裂缝时，传感器的布置原则同以损伤识别为监测目标的布置原则；对跟踪既有裂缝的发展时，传感器的布置原则应在已经开裂的部位跨越并垂直裂缝布置长标距光纤传感器。

c) 对于以变形为监测目标的光纤传感器布置原则：应沿结构长度方向以一定的间隔分布布置或全域分布布设，同时在关键截面受拉、受压区同时布置，以获得关键截面的中和轴高度。

d) 对于以结构模态参数为监测目标的光纤传感器布置原则：根据所需考虑结构模态的阶数，恰当地确定测点位置和数量，应避免将测点布在模态节点位置。

8.3.6 光纤传感系统在桥梁上布设时，应充分考虑日照面、底面，箱梁内外等不同部位、不同方向的温度梯度，合理布设温度补偿传感器。

8.4 隧道结构传感器布设

8.4.1 在确定传感器布设方案之前，应根据隧道类型以及其检测/监测需求，确定需要获取的结构反应信息类型和监测参数，选定合适类型的光纤传感器。

8.4.2 应结合设计资料以及隧道所处位置的水文与地质条件，并根据隧道的构造与受力特征和实际条件合理确定传感器布设位置、数量、布线方式以及传感网络拓扑形式，制订优化布设方案。

8.4.3 宜在结构设计资料和数值模型分析的基础上，选择需要监测的横向断面和纵向区间，传感器布设的基本原则如下：

a) 在断面横向变形监测时，传感器宜沿整个环向分布布设；在传感器数量有限的情况下，应首先满足环向管片拼缝的监测；在无法沿整个环向分布布设传感器的情况下，应尽量将传感器布设在计算中变形较大的区域。

b) 在纵向变形监测时，传感器宜沿纵向分布布设，宜上下各布设一条传感线路；在传感器数量有限的情况下，应首先满足纵向管片拼缝的监测；对于无法实施全分布布设传感器的情况，应选择两端边界沉降能够获得的区域作为监测区域，以提高监测精度。

c) 传感器布设时应考虑温度补偿的设置，尤其沿隧道纵向布设传感器，宜采用自由光纤传感器补偿的方法。隧道内部温度相对稳定，可考虑隧道管片的内外的温度梯度以及纵向方向温度变化，合理设置温度补偿传感器。

8.4.4 传感器布设时应保证有一定的冗余度，应尽量在关键部位附近多布设若干个传感器，确保在关键区域能有监测数据。

8.4.5 盾构法隧道管片结构的监测要求如下：

a) 对于盾构法隧道管片结构，主要监测内容宜包括：环向变形（环向接缝、截面收敛）、纵向变形（纵向接缝、纵向沉降）、管片应变/应力、螺栓应力以及土压力等。

b) 在接缝变形监测时，传感器应采用长标距光纤传感器，标距宜在 0.5m ~ 1.0m 范围内，以保证足够的精度和量程。

c) 管片应变/应力监测，可采用传感器外贴与内埋两种方式。如果采用内埋方式，可测试管片混凝土和钢筋的应变/应力，需在浇筑管片时将传感器埋设其中，并做好传感器及连接线的保护，避免混凝土振捣时损坏。

d） 截面收敛可通过环向接缝变化及管片环向的应变变化进行解析和计算。隧道纵向的沉降可以通过纵向接缝宽度的变化进行计算。

8.4.6 新奥法隧道支护结构的监测要求如下：

a） 对于新奥法隧道，施工监测尤为重要，监测可分为施工期监测与运营期监测两个阶段。

b） 主要监测内容应包括：环向变形（拱顶下沉、截面收敛）、纵向变形（沉降）、锚杆轴力、衬砌（及二次衬砌）应变/应力、仰拱隆起、钢拱架应力等。

c） 环向衬砌应变/应力监测用光纤可顺环向布设，截面收敛通过环向应变分布进行解析和计算；纵向衬砌应变/应力监测用光纤可在隧道底部和顶部分别对称沿纵向布设，沉降通过纵向上下的应变分布进行计算；仰拱隆起监测用光纤可沿环向在隧道底面布设。

d） 对锚杆轴力监测时，可在选择断面中选取几个不同方向（通常为水平、45°和竖向），植入带有光纤传感器的智能锚杆进行监测。

e） 对钢拱架应力应变监测时，可在钢拱架的拱脚、腰部及拱顶位置粘贴光纤传感器进行布设。

9 传感器现场安装与施工

9.1 一般规定

9.1.1 光纤连接一般包括熔接、冷接和活动连接，各种连接都应满足传感的光损耗要求。

9.1.2 长期或多点串联监测宜采用熔接的方式连接，短期或测量点少的监测可采用冷接或活动连接的方式连接。

9.1.3 应尽量减少接头数量，避免在多尘及潮湿环境中操作，连接人员应严格按照光纤熔接工艺流程进行连接，严格控制接头损耗。

9.1.4 应避免光纤受到大的弯折，避免光纤受扭，光纤弯曲半径不应小于5cm。

9.1.5 传感器和结构应黏结可靠，应注意保护光纤连接线及其美观性。

9.2 连接及信号传输光纤选择原则

9.2.1 连接光纤的选择原则

a） 所选光纤应具有良好的封装保护以及抗冲击、刮碰、环境侵蚀等性能。

b） 所选光纤应具有良好的熔接性能和抗衰减性能。

c） 长距离连接和长距离信号传输宜采用铠装光缆。

d） 光纤传感器的连接光纤及长距离信号传输光纤宜采用单模光纤；对于多通道光纤传感器的长距离信号传输选用多芯铠装光缆。

9.2.2 铠装光缆选择规定

a） 保护性。应有效增加信号传输光纤的抗冲击和抗弯曲等性能，避免光纤受到损坏；不能因成缆而导致光纤的传输性能下降；光缆中的光纤不应有任何损伤。

b） 结构性。铠装光缆的结构应满足具体工况条件要求；光缆布设后若需要承受较大拉力宜采用钢丝铠装层，若需要承受较大侧压力宜采用钢带铠装层；若对防水性要求高，宜采用有防腐处理的金属护套；对于光缆铺设后有较好的柔性需求或移动频繁的铺设场合，宜采用橡塑护套；其他应根据工况条件的特殊性能需求进行确定。

9.3 光纤传感器的熔接

9.3.1 影响连接质量的因素

光纤连接效果需确保传感器到测量仪器之间的信号传输,应降低光纤的连接损耗。

9.3.2 光纤切割

a) 用剥线钳将光纤树脂涂层剥除,并清洗干净。
b) 对光纤进行切割时,应确保光纤端面垂直光纤。
c) 切割完成后不得再进行清洁,不得触碰到其他表面。

9.3.3 光纤熔接及保护

a) 熔接需要用热塑管作为光纤连接处的保护套,当光纤连接完成后,再将热塑管热塑,热塑套管的放置须在切割前完成。
b) 熔接时,需要两根光纤对中以确保两个断面完好连接。
c) 熔接完成后应对熔接部位进行保护以防止该部分弯折。

9.4 光纤传感器的法兰连接

应减小两光纤接头处的空气缝隙并避免产生光学腔,应采用如下两种方法减小光强度损耗:
a) 对接面尽量凸出一点以确保紧密连接减少空气间隙。
b) 对接面倾斜 8° ~ 10°,减小反射。

9.5 光纤传感器在混凝土上的安装

9.5.1 光纤传感器安装准备工序

a) 确定施工位置(画线、标记)、传感器数量、连接、选择安装辅助器材等。
b) 安装方式。一般选用结构黏结胶,应具有强度高、抗剥离、耐冲击、施工工艺简便等特性。
c) 选择原则。安装传感器部位的材质;黏结尺寸大小;其他一些特殊性能要求。
d) 混凝土基面处理应满足下列要求:
    1) 基面要求。基面应坚固、密实,不应有起砂、起壳、蜂窝、麻面、裂缝、油污等现象。
    2) 基面处理。用磨光机进行表面打磨处理,去掉浮浆面和表面蜂窝等,用腻子填平处理。
e) 连接线连接及保护应满足下列要求:
    1) 连接线宜采用铠装光缆。
    2) 现场不便熔接操作时,连接线的连接应在传感器安装前先连接好;连接线应尽量长,确保现场安装时够用,现场安装过程中要注意保护好连接线与传感器连接处。
    3) 现场方便熔接操作时,连接线的连接尽量在传感器安装在结构上之后再连接;连接线长度可根据实际安装需要来定,连接线与传感器连接处在熔接完成后应立即进行保护。
    4) 连接线的保护。根据连接线长度,每隔一定距离将连接线与结构固定在一起;当连接线较长无法拉直时,应将连接线盘成直径大于 10cm 圈的形式黏结在结构上。

9.5.2 全面粘贴安装

a) 结构需要做长期监测时,应采用全面粘贴的方法。
b) 对于点传感器,用胶将其黏结在需要测量的结构部位。

c） 对于长标距传感器，首先将传感器锚固段固定在准确的位置；将结构黏结胶均匀地涂在传感器表面及其周围，确保传感器与结构能有效地黏结在一起。

9.5.3 定点粘贴安装

a） 定点粘贴安装仅针对长标距光纤传感器。

b） 当结构需要做短期监测时，可采用定点粘贴的方法。

c） 将长标距传感器的两端锚固在结构上。

9.5.4 埋入式安装

a） 预埋入安装。在混凝土浇筑前，将传感器埋入混凝土结构的监测部位，确保浇筑过程及养护过程中不会损坏传感器及连接光纤。

b） 后埋入安装。在混凝土结构上开设安装槽，安装槽尺寸应略大于传感器尺寸，槽每端长度比传感器长度长5cm以上，宽度是传感器的宽度1.5～2.0倍，深度是传感器厚度2.0倍以上；开槽不应对结构的力学性能、耐久性和外观产生影响。

c） 其他安装步骤与前述在混凝土结构上的安装相同。

9.6 光纤传感器在钢筋及钢结构上的安装

9.6.1 光纤传感器安装辅助工序

a） 确定施工位置（画线、标记）、传感器数量、连接、选择安装辅助器材等。

b） 选择黏结胶。一般选用结构黏结胶，应具有强度高、抗剥离、耐冲击、施工工艺简便等特性。

c） 选择原则。安装传感器部位的金属材质；黏结尺寸大小；其他特殊性能要求等。

d） 金属基面处理应满足下列要求：

1） 清除安装传感器部位金属表面的磷化、锈斑、油污、喷漆和化学残渣。

2） 选用合适型号的金刚砂纸打磨需安装传感器区域的金属表面。

3） 对安装基面进行清理，直到看不见污渍，清洗时应沿单一方向进行，不宜来回交替擦洗。

e） 连接线连接及保护参照本规范第9.5.1条。

9.6.2 全面粘贴安装

a） 结构需长期监测时，应采用全面粘贴的方法。

b） 对于点传感器，用黏结胶将其黏结在需要测量的部位。

c） 对于长标距传感器，首先应将传感器锚固段固定在准确的位置，然后将黏结胶均匀地涂在传感器表面及其周围，确保传感器与结构能有效地黏结在一起。

9.6.3 定点粘贴安装

参照本规范第9.5.3条。

9.6.4 埋入式安装

a） 主要针对混凝土结构中的钢筋以及开槽对结构性能不产生影响的钢结构。

b） 在钢筋或钢结构上开安装槽，安装槽的尺寸应略大于传感器的尺寸，且对结构的力学性能和耐久性不产生影响。

c） 在钢结构上进行埋入式安装后，必须对钢结构进行严格的防护处理。

d） 其他安装步骤与前述在钢筋及钢结构上的安装相同。

10 数据的采集、处理、传输与存储管理

10.1 一般规定

结构健康监测系统的数据子系统应包含以下子类目(子系统):数据采集、数据处理、数据传输(通信)和数据存储管理,应按表5的内容及要求进行设计、开发和安装。

表5 数据采集、处理、传输与存储管理的内容

<table>
<tr><th rowspan="2">内容
子类目(子系统)</th><th colspan="3">应进行设计、开发和安装的内容</th></tr>
<tr><th>硬件(设备)</th><th>软件</th><th>工作机制</th></tr>
<tr><td>数据采集</td><td colspan="2" rowspan="3">a)设计与选型应保证能够及时获得高质量的数据;
b)硬件的耐久性和技术指标应满足国家相关规范、标准的要求</td><td>a)采集模式;
b)采集频率;
c)频次;
d)触发阈值;
e)分布关系</td></tr>
<tr><td>数据处理</td><td>应能纠正或剔除异常数据,提高数据质量</td></tr>
<tr><td>数据传输(通信)</td><td>应能高质量地传输数据,应具备传输质量校验机制</td></tr>
<tr><td>数据存储管理</td><td colspan="3">应具备标准化的读取、存储接口,应能保证监测数据的结构化、安全性、可靠性、共享性以及对应用软件的友好性等</td></tr>
</table>

10.2 数据采集

10.2.1 数据采集硬件(设备)设计

a) 数据采集硬件(设备)的空间分布关系。应根据桥隧等交通工程结构的特征、监测需求、传感器布设位置和数量、硬件设备条件等设计数据采集硬件(设备)和传感器之间的分布关系,应有如下空间分布方式:①集中采集;②分散(分布式)采集;③混合采集。宜按表6设计采集硬件的空间分布方式。

表6 采集硬件的空间分布建议

<table>
<tr><th rowspan="2">情形
采集硬件分布</th><th>情形一</th><th>情形二</th><th>备注</th></tr>
<tr><th>设备分散、测点多、传输距离远(一般>10km)</th><th>设备集中、测点少、传输距离近(一般≤10km)</th><th>★表示宜采用</th></tr>
<tr><td>总体集中采集</td><td>按需/指定</td><td>★</td><td>中小桥梁、隧道等全区域或特大、大跨径桥梁的特定部位和区域监测常用</td></tr>
</table>

表 6　采集硬件的空间分布建议（续）

<table>
<tr><td colspan="2" rowspan="2">情形
采集硬件分布</td><td>情形一</td><td>情形二</td><td>备注</td></tr>
<tr><td>设备分散、测点多、传输距离远（一般＞10km）</td><td>设备集中、测点少、传输距离近（一般≤10km）</td><td>★表示宜采用</td></tr>
<tr><td colspan="2">总体分散采集</td><td>★</td><td>按需/指定</td><td rowspan="3">结构群、特大、大跨径桥梁全区域监测常用</td></tr>
<tr><td rowspan="2">混合采集</td><td>总体分散采集</td><td rowspan="2">★</td><td rowspan="2">按需/指定</td></tr>
<tr><td>局部集中采集</td></tr>
<tr><td colspan="5">注：特大（跨径）桥、大（跨径）桥、中（跨径）桥、小（跨径）桥的分类标准详见《公路桥涵设计通用规范》（JTG D60—2015）。采集站（仪）与传感器间的最远传输距离应根据传感器的信号衰减传输性能确定。</td></tr>
</table>

b）数据采集的信号调理。应根据所布设的光纤传感器的种类、数量、信号特征及系统对信号调理的要求等具体条件，设计、开发或选用合适的信号调理设备，并应保持与后续的数据传输和存储管理等接口兼容。数据采集的信号调理内容见表 7。

表 7　数据采集的信号调理内容

<table>
<tr><td colspan="2">信号调理要求
信号类型</td><td colspan="3">信号隔离、消除</td><td>信号滤波、降噪</td><td>信号放大、衰减</td><td>信号通道设置</td></tr>
<tr><td rowspan="2">电信号</td><td>传感器输出模电信号</td><td rowspan="2">自然干扰</td><td rowspan="2">人为干扰</td><td rowspan="2">不明脉冲干扰</td><td rowspan="4">应采用针对性的滤波器（电信号中动态信号宜采用抗混滤波器）</td><td rowspan="2">（功率、电流、电压等）放大器调理</td><td rowspan="4">设置多路通道开关，实现多路巡回采集</td></tr>
<tr><td>传感器输出数电信号</td></tr>
<tr><td rowspan="2">光信号</td><td>光纤传感器（不带光电转换功能）输出光信号</td><td colspan="3">设置噪声阈值</td><td rowspan="2">光强放大（增益）器、衰减器调理</td></tr>
<tr><td>通信传输光信号</td><td>信号强度量级异常</td><td colspan="2">不明的异常趋势项信号</td></tr>
</table>

c）数据采集硬件（设备）的性能、功能要求。数据采集硬件（设备）应与光纤传感器的性能相匹配，应满足监测系统对数据采集系统的性能、功能要求。应按表 8 所示针对采集的不同信号类型进行选型。

d）数据采集硬件（设备）的安置和防护要求如下：

1）数据采集硬件（设备）安置场所的基本要求。数据采集硬件（设备）安置场所应满足硬件的位置、安全、环境、电力、通信 5 个方面基本要求。要求应包括：地理位置明确且便于访问，管养空间充足，具备符合国家规范的防火防雷防侵入等安全条件，满足采集硬件的工作环境要求，提供稳定且不间断的电力，具备满足监测需求的通信条件。其中采集站（仪）所配套的上位机宜采用稳定的工控计算机。

2）数据采集硬件（设备）安置场所的新设和选用。安置场所选择方案应包括：新设专用场所、利用已有场所和设置临时场所。建议选择方案见表 9。

3）数据采集硬件（设备）的防护。采集硬件（设备）应针对各类安置场所进行相应的防护设计。对采集硬件（设备）自身应按照国家电气、仪器设备、机械及通信领域的有关规范[如《电击防护　装置和设备的通用部分》（GB/T 17045—2008）、《机械电气安全》（GB 19436）、《机械电气安全　检测人体存在的保护设备应用》（GB/T 29483—2013）、《外壳防护等级（IP 代码）》（GB 4208—2008）、《低压成套开关设备和控制设备》（GB 7251.1—2013）、《高压开关设备和控制设备标准》（GB/T 11022—2011）和国际电工委员会（IEC）529 号《外壳防护型式的分级》或其他等效标准]进行防护设计，并针对安置场所的特点采取相应的防护措施。当采集硬件（设备）达不到所安置场所的防护要求时，应进行设备整改，或改善安置场所的条件。

表8　数据采集硬件(设备)的性能和功能要求

信号类型		宜选用的设备种类	性能设计											可靠性设计					环境适应性设计				
			主要考察指标、规格(★为必要选项)											使用寿命	数据校准功能设计		抗电磁干扰设计(屏蔽、接地)		工作温度	防护功能(防护等级)		安全	
			接口标准	输入范围	采样频率	通道状况	数据容量	分辨率	精度	重复性	传输率	传输距离	在线模式		自校准	定期外校准							
电信号	模拟电压信号	集中式的基于PCI、PXI、USB等接口的采集板卡		★	★	★		★	★		★	★		符合监测系统具体要求	优先采用	按需采用	串模干扰抑制	共模干扰抑制	符合监测系统具体要求	高低温保护	抗冲击和振动	防潮湿和盐雾	必要安全防护
	外场采集数电信号	CAN、Lonworks、PCMCIA、IEEE等总线的设备	★		★	★					★												
光信号	光纤传感器光信号	专用光纤光栅解调仪(模块)		★	★	★	★	★	★	★	★		★										
	通信用光信号	符合国家通信领域相关标准																					

表9　数据采集设备安置场所的建议选择方案

<table>
<tr><th rowspan="2">设备分布</th><th rowspan="2">设备类型</th><th colspan="2">新设专用场所</th><th colspan="2">利用已有场所</th><th></th><th rowspan="2">临时场所</th></tr>
<tr><th>桥隧内靠近传感器区域</th><th>桥隧外分析、监测中心</th><th>类似健康监测系统已设场所</th><th>计算机、网络、监控设备安置场所</th><th>消防、电力设备安置场所</th></tr>
<tr><td>集中采集</td><td>中心采集站（仪）</td><td>★★</td><td rowspan="3">★★★</td><td rowspan="3">★★★</td><td rowspan="3">★★</td><td rowspan="3">★</td><td rowspan="3">按需设置</td></tr>
<tr><td rowspan="2">分散、混合采集</td><td>中心采集站（仪）</td><td>★★</td></tr>
<tr><td>子采集站（仪）</td><td>★★★</td></tr>
<tr><td colspan="8">**注1**：★代表建议程度：★★★表示条件允许时应优先采用；★★表示建议采用；★表示可选用。
注2：应根据实际需求，按最有利于达到采集目标的原则（高效、高质量、可靠）设置采集设备安置场所。某些监测需求下，可临时设置采集设备场所。</td></tr>
</table>

10.2.2　数据采集软件的设计

数据采集软件的设计、开发和安装应按表10中的基本要求进行。

表10　数据采集软件的设计内容

<table>
<tr><th colspan="2">设计类目</th><th>基本要求</th><th>说明</th></tr>
<tr><td colspan="2" rowspan="3">连接和通信</td><td>应能连接到各级采集硬件</td><td>开启/关闭采集硬件，各级间可互相传送数据</td></tr>
<tr><td>应能连接到各级传感器网络</td><td>正确收集传感器信号信息</td></tr>
<tr><td>应能连接到本地/远程的数据分析软件和监测中心</td><td>正确传送采集数据和指令</td></tr>
<tr><td colspan="2" rowspan="4">电源管理</td><td>宜可开关上下级采集硬件的电源</td><td rowspan="4">当远程的采集硬件（设备）和上位机电源不支持软件开关时，可对远程的供电或配电系统设置软件控制开关</td></tr>
<tr><td>宜可开关上下级数据分析终端和监测中心终端的电源</td></tr>
<tr><td>宜可开关上下级上位机的电源</td></tr>
<tr><td>宜可开关自带光电转换功能和发射功能的光纤传感器的电源</td></tr>
<tr><td rowspan="2">质量检查</td><td>时间状态和同步</td><td>应可进行时钟校验</td><td>保证各级采集硬件数据同步性要求，能保证数据实时性</td></tr>
<tr><td>网络状态</td><td>应可进行传输质量校验</td><td>保证各级硬件间通信准确和可靠</td></tr>
</table>

表 10　数据采集软件的设计内容(续)

<table>
<tr><th colspan="2">设 计 类 目</th><th>基 本 要 求</th><th>说　　明</th></tr>
<tr><td rowspan="3">质量检查</td><td>传感器状态</td><td>应可检查传感器生存状态和校验数据状态</td><td>保证光纤传感网络正常工作</td></tr>
<tr><td>各级采集设备状态</td><td>应可对上下级本地/远程的各采集设备状态进行检查</td><td>保证采集硬件正常工作</td></tr>
<tr><td>上位机状态</td><td>宜可对上下级本地/远程的上位机工作状态进行检查</td><td>保证软硬件环境的正常工作</td></tr>
<tr><td rowspan="11">软件性能</td><td rowspan="2">硬件数据接口适应性</td><td>宜可对上下级本地/远程设备的硬件层设计指令控制模式</td><td>应满足监测系统对采集设备自动化、批处理等层次的要求</td></tr>
<tr><td>宜可对上下级本地/远程的设备数据接口进行匹配自适应</td><td>应开发针对各级设备数据接口的自适应能力</td></tr>
<tr><td rowspan="5">参数配置</td><td>宜可对上下级本地/远程的各采集设备进行采集模式、阈值、频率等参数的设置</td><td>应符合监测系统对采集数据的具体要求</td></tr>
<tr><td>各级采集硬件应可通过配置文件、配置信息数据库实现传感器和设备参数设置的共同配置</td><td>参数配置信息应可在各级设备间共享或同步配置,可方便的导入和导出</td></tr>
<tr><td>参数设置应包括采集设备运行、关闭以及阈值、定时等触发方式的设置</td><td>应能适应非全时采集方式的需求</td></tr>
<tr><td>应可针对传感器进行适应性的传感器参数配置</td><td>应保证匹配传感器自身特征和布设特征,并可进行适应性修改</td></tr>
<tr><td>采集的传感器信号按参数配置进行A/D 转换后,其输出应符合监测系统要求</td><td>传感器配置应包括如类别、位置、标距、标定系数等</td></tr>
<tr><td>采集指标</td><td>采集的频率、分辨率、精度、范围等应符合要求</td><td>应符合监测系统对采集数据的具体要求</td></tr>
<tr><td>实时绘图</td><td>应能绘制各传感器信号的实时曲线</td><td>应至少能绘制各传感器信号的时域曲线</td></tr>
<tr><td>信号调理和预处理</td><td>应可对信号进行符合监测要求的调理、预处理</td><td>宜设置阈值法、平均值法以及其他滤波算法</td></tr>
</table>

表 10　数据采集软件的设计内容(续)

<table>
<tr><th colspan="2">设 计 类 目</th><th>基 本 要 求</th><th>说　　明</th></tr>
<tr><td rowspan="3">存储管理</td><td>缓存管理</td><td>应设计合理的缓存机制,保证数据采集、预处理和传输的正常</td><td>应预留足够的容量和冗余度,并及时清理</td></tr>
<tr><td rowspan="2">数据库管理</td><td colspan="2">应对采集数据建立可共享数据库,本地/远程的各级上位机应可对数据进行存储、备份、导出、打印和管理等操作</td></tr>
<tr><td colspan="2">应建立历史数据库,记录传感器设置、采集参数配置、信号数据、传感器状态、设备状态、上位机状态、操作记录和报警记录等</td></tr>
<tr><td rowspan="3">告警管理</td><td>传感器异常状态告警</td><td rowspan="3">应根据监测系统需求和评估,预设合理的告警模式</td><td rowspan="3">可采用告警阈值法,阈值应按系统监测需求和评估设立,并可根据实际情况进行调整,同时应保证告警能送达用户</td></tr>
<tr><td>信号数据异常告警</td></tr>
<tr><td>设备、上位机异常状态告警</td></tr>
<tr><td>安全管理</td><td>权限管理</td><td>应对各项配置和操作进行权限设置,应对本地/远程的各级访问进行鉴权</td><td>应防止越权操作造成监测系统的安全隐患</td></tr>
<tr><td rowspan="2">易用性</td><td>人机交互设计</td><td>应设计简便高效的人机交互方式,且应对用户的操作有适当的提醒和容错机制</td><td>建议针对不同用户设计多版本的终端软件</td></tr>
<tr><td>数据分析前处理功能</td><td>宜具备部分后端数据分析处理系统的功能,或留出便利的数据接口</td><td>建议集成数据分析系统的前处理、除错、粗略判断等功能</td></tr>
<tr><td rowspan="2">兼容性</td><td>硬件兼容性</td><td>应匹配监测系统所采用上位机的硬件条件</td><td>应按照对上位机配置要求最低化的原则设计</td></tr>
<tr><td>软件兼容性</td><td>应匹配监测系统所采用上位机的软件环境</td><td>应保证与监测系统中的操作系统和应用软件匹配</td></tr>
</table>

10.2.3　数据采集工作机制的设计

a) 采集模式和采集频率的设计。采集模式包括全时(实时)采集、定时采集、触发采集和混合采集。采集频率应能够反映被监测结构的行为和状态,并满足监测数据的应用条件。针对设置在被测结构的不同区域传感器,宜视具体情况选择数据采集频率。对于动态信号,数据的采集频率应在被测物理量预估最高频率的 5 倍以上。按光纤传感器的采用情况,有如下两种设计建议:

   1) 不采用本规范中所指定的光纤传感器类型时。针对各种监测情形、待测物理量和所采用的传感器类型,可参照此类传感器及结构健康监测领域的相关标准,选择适宜的采集模式和频率。

   2) 采用本规范传感器章节中所指定光纤传感器时。当监测系统依据本规范中监测系统架构设计、光纤传感器设计、结构分析和评估等相关章节的规定时, 针对被测物理量,应全面采用本规范中指定的光纤传感器(如长标距 FBG 传感器等),而不采用其他类型传感器,同时按本规范中的规定进行相应的传感器布设,并且根据本规范中提供的所有被测物理量均可由采集的应变数据而求出的方法,按表 11 设计采集模式。

表 11　建议采集模式(采用本规范中指定光纤传感器)

<table>
<tr><th colspan="2" rowspan="2">采集模式设计</th><th rowspan="2">全时采集</th><th rowspan="2">定时采集</th><th rowspan="2">触发采集</th><th colspan="2">混 合 采 集</th></tr>
<tr><th>阈值下采用定时采集</th><th>阈值上采用触发采集</th></tr>
<tr><td rowspan="2">情形(1):被指(规)定</td><td>要求全时采集</td><td>√</td><td></td><td></td><td colspan="2" rowspan="4">阈值的设置依据包括:监测系统需求、待测量的特定和硬件系统的能力等</td></tr>
<tr><td>要求非全时采集</td><td></td><td>√</td><td>√</td></tr>
<tr><td rowspan="2">情形(2):经验推荐</td><td>监测系统初运行前 3 年</td><td>√</td><td colspan="2" rowspan="2">按需/被指定</td></tr>
<tr><td>初评估认为结构关键部分异常</td><td>√</td></tr>
<tr><td>情形(3):按待测物理量的需求确定</td><td colspan="6">采集模式、采集频率应满足监测系统对待测物理量的具体需求;应符合本规范中有关章节关于应变数据换算的规定;待测量的动力特性应符合采样定理;当同时监测多个待测量时,应变(应力)的最低采集频率应符合多个待测量中对频率要求最高的待测量的监测要求</td></tr>
<tr><td colspan="7">注 1:全时、定时和触发模式等级依次递减,“√”表示针对待测量采用的采集模式应达到的最低要求,也可以选择上级模式。
注 2:全时模式宜每 90 天进行一次分析处理,仅存储特定时间段内的数据和典型事件信息。</td></tr>
</table>

b) 采集的时间同步性和时间长度。数据采集的时间同步性包括严格的同步采集、伪同步采集和异步采集。应按照各级采集设备、数据分析处理的具体需求,设计时间同步性和时间长度,设计内容见表 12。

表 12　数据采集时间同步性和时间长度的设计内容

<table>
<tr><th colspan="2" rowspan="2">时间的同步性建议</th><th colspan="2">同 步 采 集</th><th rowspan="2">异 步 采 集</th></tr>
<tr><th>严格同步采集</th><th>伪同步采集</th></tr>
<tr><td rowspan="2">时间同步误差</td><td>同桥隧的同类型待测物理量</td><td>≤0.1ms</td><td colspan="2" rowspan="2">应满足监测需求</td></tr>
<tr><td>同桥隧的不同类型待测物理量</td><td>≤1ms</td></tr>
<tr><td>时间长度</td><td colspan="4">任何采集模式都应保证符合监测需求的连续采集时间长度</td></tr>
<tr><td>时间参考点说明</td><td colspan="4">数据采集应选取共同的时间参考点。当测点较多而传感器数目不足时,可分批采集,但每批采集时应至少保留一个共同的时间参考点</td></tr>
<tr><td>时间码体系</td><td colspan="4">建议同时输出以“公元 1 年 1 月 1 日 1 分 1 秒”为“1”,以每隔一秒增量为“1”的时间码体系;如有必要采用更高精度,时间码精度应同时提高</td></tr>
</table>

c) 各数据采集的模式与结构健康监测系统按各时间频次(度)所分各类别间的对应关系见表 13。

表 13　数据采集模式和监测系统按时间频次(度)分类的对应关系

<table>
<tr><td colspan="2" rowspan="17">连接情况</td><td>传输上下级</td><td>连接节点</td><td colspan="14">节点状态(√—直运行或开启;○远程控制其运行或开启;×需人工现场手动连接、运行或开启;—无项次)</td></tr>
<tr><td rowspan="11">内场</td><td>结构→传感器</td><td>√</td><td colspan="3">√</td><td colspan="3">√</td><td colspan="3">√</td><td>√</td><td>√</td><td>√</td><td>×</td></tr>
<tr><td rowspan="5">传感器→采集站(仪)</td><td rowspan="5">√</td><td rowspan="5">○</td><td>手动</td><td>按需</td><td colspan="3" rowspan="5">√</td><td colspan="3" rowspan="5">√</td><td rowspan="5">√</td><td rowspan="5">√</td><td rowspan="5">×</td><td rowspan="5">—或×</td></tr>
<tr><td rowspan="4">自动(工作模式)</td><td>全时</td></tr>
<tr><td>定时</td></tr>
<tr><td>触发</td></tr>
<tr><td>混合</td></tr>
<tr><td rowspan="5">采集站(仪)→解析终端</td><td rowspan="5">√</td><td rowspan="5">○</td><td>手动</td><td>按需</td><td rowspan="5">○</td><td>手动</td><td>按需</td><td colspan="3" rowspan="5">√</td><td rowspan="5">√</td><td rowspan="5">×</td><td rowspan="5">—或×</td><td rowspan="5">—或×</td></tr>
<tr><td rowspan="4">自动(工作模式)</td><td>全时</td><td rowspan="4">自动(工作模式)</td><td>全时</td></tr>
<tr><td>定时</td><td>定时</td></tr>
<tr><td>触发</td><td>触发</td></tr>
<tr><td>混合</td><td>混合</td></tr>
<tr><td rowspan="4">向外场</td><td rowspan="4">解析终端→远程(外场)</td><td rowspan="5">√</td><td rowspan="5">○</td><td>手动</td><td>按需</td><td rowspan="5">○</td><td>手动</td><td>按需</td><td rowspan="5">○</td><td>手动</td><td>按需</td><td rowspan="5">×</td><td rowspan="5">—或×</td><td rowspan="5">—或×</td><td rowspan="5">—或×</td></tr>
<tr><td rowspan="4">自动(工作模式)</td><td>全时</td><td rowspan="4">自动(工作模式)</td><td>全时</td><td rowspan="4">自动(工作模式)</td><td>全时</td></tr>
<tr><td>定时</td><td>定时</td><td>定时</td></tr>
<tr><td>触发</td><td>触发</td><td>触发</td></tr>
<tr><td></td><td>监测总时间长度需求</td><td>混合</td><td>混合</td><td>混合</td></tr>
<tr><td rowspan="9">上线频次(频度)</td><td rowspan="4">按时上线</td><td rowspan="2">周期性</td><td>长期</td><td rowspan="4">一直/连续</td><td colspan="9">长期周期性在线</td><td colspan="3">长期周期性巡检</td><td>长期周期性临检</td></tr>
<tr><td>短期</td><td colspan="9">短期周期性在线</td><td colspan="3">短期周期性巡检</td><td>短期周期性临检</td></tr>
<tr><td rowspan="2">不定期</td><td>长期</td><td colspan="9">长期不定时在线</td><td colspan="3">长期不定时巡检</td><td>长期不定时临检</td></tr>
<tr><td>短期</td><td colspan="9">短期不定时在线</td><td colspan="3">短期不定时巡检</td><td>短期不定时临检</td></tr>
<tr><td rowspan="2">按条件上线</td><td rowspan="2">触发</td><td>长期</td><td rowspan="2">—</td><td colspan="9">长期触发在线</td><td colspan="3">长期触发巡检</td><td>长期触发临检</td></tr>
<tr><td>短期</td><td colspan="9">短期触发在线</td><td colspan="3">短期触发巡检</td><td>短期触发临检</td></tr>
<tr><td rowspan="3">混合上线</td><td rowspan="2">按时、按条件混合采用</td><td>长期</td><td rowspan="2">—</td><td colspan="9">长期混合在线</td><td colspan="3">长期混合巡检</td><td>长期混合临检</td></tr>
<tr><td>短期</td><td colspan="9">短期混合在线</td><td colspan="3">长期混合巡检</td><td>短期混合临检</td></tr>
<tr><td colspan="16">宜依实际监测需求预设各类条件/阈值,混合采用各上线频次,如未达条件时先采用按条件触发上线,达到触发条件后则采用按时上线</td></tr>
<tr><td rowspan="2">每次连续时间</td><td colspan="3">时间长</td><td rowspan="2">一直/连续</td><td colspan="13" rowspan="2">每次监测的连续时间长度应满足监测系统的具体需求</td></tr>
<tr><td colspan="3">时间短</td></tr>
<tr><td colspan="4" rowspan="2">○:可手工、全时(实时)/定时/触发/混合控制开启或运行</td><td>全时(实时)</td><td colspan="9">分时(非全时)在线</td><td colspan="3">离线巡检</td><td>离线临时布设检查(临检)</td></tr>
<tr><td colspan="10">在线监测(Online)</td><td colspan="4">离线监测(Offline)</td></tr>
</table>

表 14　数据处理的设计内容

<table>
<tr><td rowspan="7">工作机制</td><td rowspan="7">处理方法</td><td colspan="11">数 据 预 处 理</td><td colspan="4">数据后处理</td></tr>
<tr><td rowspan="2">粗差、异常点</td><td colspan="2">误差</td><td colspan="6" rowspan="2">滤 波 降 噪</td><td rowspan="2">去趋势项</td><td rowspan="2">截取（断）</td><td colspan="4">应根据数据类型进行专项处理</td></tr>
<tr><td>偶然误差</td><td>系统误差</td><td rowspan="2">频谱分析</td><td colspan="2">时域分析</td><td rowspan="3">频域分析</td></tr>
<tr><td colspan="2">宜根据数据时间先后进行</td></tr>
<tr><td rowspan="3">应判断异常点产生原因，剔除系统自身的粗差</td><td rowspan="3">宜用平均值法消除</td><td rowspan="3">宜修正仪器</td><td>—</td><td>平均值法</td><td>低通滤波</td><td>高通滤波</td><td>带通滤波</td><td>其他滤波</td><td rowspan="3">按需进行</td><td>应截选离散非时限信号的有限时长内的数据样本进行处理</td><td>应选择合适的窗函数、算法</td><td>宜利用自相关函数检验数据相关性，并检验随机噪声中的周期信号</td><td>宜利用互相关函数检验信号源的位置，并检验通道噪声干扰中的周期信号</td></tr>
<tr><td>静态监测</td><td colspan="5">宜采用数据求平均值处理方法</td><td rowspan="2">截断应不影响频谱分析的谱分析精度</td><td>对非平稳信号</td><td colspan="3">宜采用时域、频域分析处理方法</td></tr>
<tr><td>动态监测</td><td colspan="5">应在各级硬件设备终端、上位机软件中设置数字滤波器</td><td>对平稳信号</td><td colspan="3">宜采用离散傅立叶变换的频谱分析方法</td></tr>
<tr><td rowspan="2">硬件设计</td><td colspan="16">应尽量设计和选用自带硬件层模拟滤波器的设备</td></tr>
<tr><td>集成数字滤波器</td><td colspan="15">各级设备、终端及上位机的软件中应集成各类数字滤波器供选用</td></tr>
<tr><td rowspan="6">软件功能设计</td><td>自动化设计</td><td colspan="9">自动调用处理</td><td colspan="6">手工操作处理</td></tr>
<tr><td colspan="16">数据处理软件（子模块）应具备数据备份、清除、故障恢复等功能</td></tr>
<tr><td rowspan="3">告警功能</td><td>告警类型</td><td>告警说明</td><td colspan="3">告警阈值设置原则</td><td colspan="3">告警应对措施</td><td colspan="7">补充说明</td></tr>
<tr><td>数据异常告警</td><td>应设计数据处理中的异常数</td><td rowspan="2">人工计算评估预设</td><td rowspan="2">软件（子模块）自动计算评估预设</td><td rowspan="2">历史数据预设，即检验数据保持和历史数据差值在一定范围</td><td rowspan="2">检查传感器状态</td><td rowspan="2">检查设备状态</td><td rowspan="2">检查传输系统</td><td colspan="7" rowspan="2">检查期间应尽量保证系统正常工作</td></tr>
<tr><td>系统运行异常告警</td><td>宜对系统自身状态</td></tr>
<tr><td>存储管理</td><td>应设计存储准则机制</td><td colspan="14">应针对不同数据分析目的，设置各类分析阈值，对经过处理的数据还应加以存储准则判断，宜仅存储满足监测要求、具备分析价值的数据</td></tr>
</table>

10.3 数据的处理

10.3.1 基本原则

对采集的数据应进行适当的数据处理，包括数据的预处理和后处理。进行数据处理的基本原则应是既有效过滤噪声，减轻数据存储的负担，又保留监测需要的信号数据。

10.3.2 数据预处理和后处理的设计

数据预处理和后处理应按表 14 所示进行硬件、软件和工作机制的设计。

10.4 数据的传输(通信)

10.4.1 数据通信与传输的硬件设计

a) 物理连接的连接介质、线路的设计。数据通信与传输的硬件应能保证监测系统各(级)组成部分间的物理连接，应提供足够的带宽和数据冗余度，保证传输的安全、可靠、高质量和便于维护。硬件物理连接按形式分为有线连接和无线连接，连接介质和线路的设计应符合表 15 的基本要求。

表 15 硬件物理连接的基本要求

<table>
<tr><th>连接形式</th><th>传输信号</th><th>距离
协议
类型</th><th>连接介质</th><th colspan="4">设备间物理连接路径</th><th>线路衰减</th><th>最低宽带</th></tr>
<tr><td rowspan="7">有线</td><td rowspan="5">电信号</td><td rowspan="4">传感器电输出</td><td rowspan="4">屏蔽电缆</td><td>传感器→信号调理设备</td><td colspan="2">信号调理设备→采集站(仪)</td><td>采集站(仪)→上级设备</td><td rowspan="4">应<1db/30m</td><td rowspan="7">应满足监测的传输需求</td></tr>
<tr><td rowspan="2">线长应≤2m</td><td>无中继/增益时</td><td>线长应≤150m</td><td rowspan="2">应依据传输距离采用相应传输协议</td></tr>
<tr><td>增加中继/增益</td><td>线长可>150m</td></tr>
<tr><td colspan="4" rowspan="2">a)宜优先采用数电传输；
b)数电信号电缆传输距离>10km 时，宜采用 RS-485 协议；
c)数电信号电缆连接双方均要求主动发送数据时，宜采用 RS-422 协议；
d)通信电信号宜优先采用基于 TCP/IP 协议的工业以太网传输，应符合 ISO 和国家有关标准</td></tr>
<tr><td>通信电信号</td><td>屏蔽网线</td><td rowspan="3">符合国家标准</td></tr>
<tr><td rowspan="2">光信号</td><td>光纤传感器输出</td><td rowspan="2">光缆</td><td colspan="4" rowspan="2">短距离(一般≤2km)时宜直接以光信号/模拟信号形式传输；长距离(>2km)时最大传输距离应根据传感器的信号衰减传输性能确定，必要时应增加信号中继/增益</td></tr>
<tr><td>通信光信号</td></tr>
<tr><td rowspan="4">无线</td><td colspan="2" rowspan="2">电信号</td><td>无线电波</td><td colspan="4" rowspan="4">a)内场(设备场所内)覆盖范围宜>10m；
b)外场(设备场所外)覆盖范围宜>500m；
c)远程传输距离宜>10km。
应保持无线覆盖范围内足够开阔，传输受阻时应增加中继/增益，传输质量无法保证时应改选有线传输形式</td><td colspan="2" rowspan="4">应>2MHz</td></tr>
<tr><td>微波</td></tr>
<tr><td colspan="2" rowspan="2">光信号</td><td>红外线</td></tr>
<tr><td>激光</td></tr>
</table>

表 15　硬件物理连接的基本要求(续)

<table>
<tr><th>连接形式</th><th>传输信号</th><th>距离 / 协议 / 类型</th><th>连接介质</th><th>设备间物理连接路径</th><th>线路衰减</th><th>最低宽带</th></tr>
<tr><td colspan="3" rowspan="7">线路建议</td><td colspan="4">线路方案(★代表建议使用,★越多代表被建议的程度越高)</td></tr>
<tr><td rowspan="3">利用已有线路</td><td colspan="3">同类监测系统传输线路★★★</td></tr>
<tr><td colspan="3">计算机/监控/网络线路★★</td></tr>
<tr><td colspan="3">电力/消防控制线路★</td></tr>
<tr><td>新设专用线路</td><td colspan="3">★★★</td></tr>
<tr><td>临时线路</td><td colspan="3">按需设计和选用</td></tr>
<tr><td colspan="4">a)宜利用已有传输线路,设计和选用与已有线路相匹配的数据接口;
b)应采用中继/转发设备来匹配各级传输设备的不同数据接口,中继/转发设备应符合数量最少化的原则</td></tr>
</table>

b) 传输硬件的性能、安置和防护、线路布设拓扑要求如下:

1) 传输硬件性能、安置与防护、组网拓扑方法等在设计时,应满足监测系统具体需求,同时应符合国际和国家相关标准的规定,如《国际综合布线标准》(EIA/TIA568)、《综合布线系统电气特性通用测试方法》(YD/T 1013—2013)等。

2) 硬件传输网的拓扑结构。结构群间、各单体结构间、各级采集站(仪)间、采集站(仪)与数据处理终端间、各级处理终端与监测中心间、各网络通信设备间的连接,其拓扑结构在条件允许时,应优先采用单模的光纤/光缆作为传输介质,采取有线连接,以环形的拓扑结构组建传输网络,按照通信领域的国际和国家标准进行网络设计和布设。对单体结构的健康监测系统,宜采用局域网;对结构群等传输距离远、测点多的场合,宜采用城域网或广域网将各个单体结构的局域网连接起来,见表 16。

表 16　传输网的拓扑结构选择

<table>
<tr><td colspan="3" rowspan="3">节点类型 / 传输距离 / 拓扑形式</td><td colspan="7">连接节点类型</td></tr>
<tr><td colspan="2">结构群→结构群</td><td colspan="2">单体结构→单体结构</td><td colspan="3">单体结构内各节点(设备终端)间</td></tr>
<tr><td>距离近</td><td>距离远</td><td>距离近</td><td>距离远</td><td colspan="2">距离近</td><td>距离远</td></tr>
<tr><td colspan="3">环形结构</td><td colspan="7">★★★</td></tr>
<tr><td>总线结构</td><td>星形结构</td><td>树形结构</td><td>★★</td><td>★</td><td>★★</td><td>★</td><td colspan="2">★★★</td><td>★★</td></tr>
<tr><td rowspan="2">网状结构</td><td colspan="2" rowspan="2">全网连通</td><td colspan="2" rowspan="2">★★★</td><td colspan="2" rowspan="2">★★</td><td>测点少</td><td>测点多</td><td rowspan="2">★★</td></tr>
<tr><td>★</td><td>★★</td></tr>
<tr><td colspan="3">混合采用各类拓扑结构</td><td colspan="7">按需/被指定</td></tr>
<tr><td colspan="10">注 1:"★"代表建议程度:★★★表示条件允许时应优先采用;★★表示建议采用;★表示可选用;距离近/远的判断依据,应以传输硬件的性能及传感器传输衰减性能综合确定,宜定为 10km ~ 15km。
注 2:条件允许时应采用有线连接,采用光纤/光缆传输和组网。</td></tr>
</table>

10.4.2 数据通信与传输的软件设计

数据通信与传输软件设计、开发和安装应符合表 17 的基本要求。

表 17 通信与传输软件的基本要求

<table>
<tr><th colspan="2">设 计 类 目</th><th colspan="2">基 本 要 求</th><th>说 明</th></tr>
<tr><td colspan="2">(1)连接和通信</td><td colspan="3" rowspan="2">同本规范第 10.2 节中表 10</td></tr>
<tr><td colspan="2">(2)电源管理</td></tr>
<tr><td rowspan="3">(3)质量检查</td><td rowspan="2">传输帧、包校验和应答</td><td rowspan="2">数据传输时应在发射端和接收端双边均进行数据校验</td><td>CRC 校验</td><td rowspan="2">应建立传输数据的帧、包结构体系，数据按包发送，包内含标识位、控制指令等信息，软件应有校验—重发—补发机制</td></tr>
<tr><td>奇偶校验</td></tr>
<tr><td>数据同步</td><td colspan="2">应可进行数据同步性检查</td><td>应符合传输工作机制指定的数据同步形式的要求</td></tr>
<tr><td colspan="2">(4)软件性能</td><td colspan="3">同本规范第 10.2 节中表 10</td></tr>
<tr><td rowspan="2">(5)存储管理</td><td>缓存管理</td><td>应设计合理的缓存机制，保证数据采集、预处理和传输的正常</td><td>对被传输数据应做寄存备份</td><td>最低寄存数据容量应保证传输故障发生时系统有足够清障时间</td></tr>
<tr><td>数据库管理</td><td colspan="3">同本规范第 10.2 节中表 10</td></tr>
<tr><td>(6)告警管理</td><td>通信传输异常</td><td colspan="2">应根据监测系统需求和评估，预设合理的告警模式</td><td>可自动清障、并补发寄存备份的数据，并可按系统要求恢复成非告警状态</td></tr>
<tr><td colspan="2">(7)安全管理</td><td colspan="3" rowspan="3">同本规范第 10.2 节中表 10</td></tr>
<tr><td colspan="2">(8)易用性</td></tr>
<tr><td colspan="2">(9)兼容性</td></tr>
</table>

10.4.3 数据通信与传输的工作机制

a) 传输同步基准的选择。监测系统在结构群和各子结构间、同结构的各级通信与传输设备间、同级各子设备终端间应依据监测实际需求和结构特点进行传输同步基准的选择，见表 18。

表 18 传输同步基准的选择建议

<table>
<tr><td>结构类型</td><td>结构群、特大、大跨径桥梁全区域等大范围监测</td><td>中小单体结构全区域，或特大、大跨径桥梁的特定部位和区域等小范围监测</td></tr>
<tr><td rowspan="2">选择建议</td><td>1)基于信号技术的同步</td><td>2)基于时间的同步</td></tr>
<tr><td colspan="2">3)按需求可结合使用</td></tr>
</table>

b) 传输同步的速度要求(传输的时间同步性要求)。要求高速传输的场合，应采用同步传输；仅要求低速传输的场合，可采用异步传输或伪同步传输。

c) 有线传输和无线传输的选择。有线与无线两种传输的设计和选择，应坚持因地制宜的原则，综合考虑多种因素，灵活选取合适的数据传输连接方式，条件允许时应优先采用有线连接，见表 19。

表 19　有线传输和无线传输选择原则

<table>
<tr><td colspan="2" rowspan="2">考虑因素
情形</td><td rowspan="2">传输距离</td><td rowspan="2">传感器距离衰减性能</td><td rowspan="2">运维便利性</td><td colspan="3">工程现场实际情况</td><td colspan="2">网 络 条 件</td></tr>
<tr><td>工程进度</td><td>各阶段特征</td><td>现场地形条件</td><td>网络覆盖情况</td><td>已有通信设施</td></tr>
<tr><td>有条件时优先</td><td>有线连接</td><td colspan="8">条件具备时应优先采用光纤/光缆进行有线连接★</td></tr>
<tr><td rowspan="3">特别(1)</td><td></td><td colspan="5" rowspan="2">按需/被指定</td><td>强电磁场条件</td><td>有无线发射源干扰</td><td rowspan="2">按需/被指定</td></tr>
<tr><td>有线连接</td><td>★</td><td>★</td></tr>
<tr><td>无线连接</td><td colspan="8">应有足够屏蔽条件</td></tr>
<tr><td rowspan="2">特别(2)</td><td rowspan="2">无线连接</td><td colspan="2" rowspan="2">按需/被指定</td><td colspan="4">管养不便、交通不便、地形复杂、物理布线困难</td><td colspan="2" rowspan="2">按需/被指定</td></tr>
<tr><td colspan="4">★</td></tr>
<tr><td rowspan="2">特别(3)</td><td rowspan="2">无线连接</td><td colspan="8">需临时组建传输网,仅临时使用</td></tr>
<tr><td colspan="8">★</td></tr>
<tr><td colspan="2">混合使用有线/无线</td><td colspan="8">按需/被指定</td></tr>
<tr><td colspan="10">注:★代表建议采用,应按“因地制宜”原则综合考虑各现实条件进行有线/无线连接的选择。</td></tr>
</table>

d) 传输质量的控制要求如下:

1) 应根据数据采集系统前端传感器单位时间采集数据量大小,结合设计的传输实际通信能力,对数据进行分包处理,以包、帧为单位实施传输。开发的相应数据传输软件在设计中应采用应答模式,并引入检校-重发-补发机制进行误码控制。数据包设计宜按下列格式要求:

(1) 数据包应加入开始位及结束位。

(2) 在每组数据的开头和结束位置,应加入控制参数信息,定义请求发送包和文件结束包。

(3) 在每个数据段前应加入标识信息。

(4) 传输数据应进行校验,可采用奇偶校验或 CRC 校验(循环冗余校验),并将校验码加入数据段后的校验位。

2) 应设计校验机制,在传送和接收两方都对数据进行确认。

3) 当数据通道发生故障而中断,在故障排除后,数据传输系统应具有补发功能,将中断时间段内所有数据发送到接收端。

4) 对于数据传输系统的应答、重发和补发模块应设置时限,避免因应答等待、重发及补发影响正常数据发送,宜利用数据通道空闲时段完成补发数据传输。

5) 数据传输系统设计时,应根据实际情况制订应对特殊突发情况的应急预案。

e) 数据通信与传输系统设计时宜具备下列基本资料:

1) 工程施工场地现状平面图,包括交通设施、高压架空线、管线和地下构筑物的分布。

2) 数据传输系统工程布设拓扑图,包括结构群间、单体结构间、数据采集和传输硬件间的各拓扑结构图,以及各级采集和传输设备(终端)的规格型号说明和线缆说明。

3) 电力及有关传输设备的供应条件。

4) 周围各建筑物的振动、噪声源等信息资料。

5） 数据传输系统工程总平面布置图,包括选用电气设备的确切布置位置、安装方法和线缆线路连接详情等。
6） 传输系统工程基础平面图和剖面图。
7） 传输系统工程的施工方案。
8） 采集和传输系统工程的验收指标和文档记录。

10.5 数据存储管理

10.5.1 数据库系统的功能及设计原则

a） 结构健康监测数据库应将采集系统收集到的实时数据和历史数据提供给数据处理系统进行处理,并供评估系统对数据进行分析,最终将处理及分析结果进行保存以便查询。
b） 数据库设计应遵循数据库系统的可靠性、先进性、开放性、可扩展性、标准性和经济性的基本原则。应保证数据的共享性、数据结构的整体性、数据库系统与应用系统的统一性。

10.5.2 数据库设计的功能要求

a） 数据库系统在使用时,应支持在线实时数据处理分析、离线数据处理分析以及两种工作方的混合模式。
b） 数据库功能应包括监测硬件(设备)管理、监测信息管理、结构模型信息管理、评估分析信息管理、数据转储管理、用户管理、安全管理以及预警信息管理等方面。
c） 监测硬件(设备)管理应包括传感器及采集设备(包括采集子站和总站)的添加、更换、状态查询以及故障检测等功能。传感器设备宜按照监测信息内容和功能进行分类管理。
d） 监测信息管理应包括监测信息的自动导入、以图形或文件形式导出数据、历史监测信息的查询。宜具备监测信息的可视化功能。
e） 结构模型信息管理应提供结构的基本参数和评估分析所需要的计算机数值模型。
f） 评估分析信息管理应提供评估准则、保存评估结果并供查询统计。
g） 数据转储管理应支持海量数据的归档以及相应的元数据管理。归档的数据可以存储在大容量存储设备中,并应支持使用时的可访问性。
h） 用户管理应支持用户权限的定义和分配功能。系统根据用户的权限来操作不同模块,提供基于角色的用户组管理、用户授权、注册账号和认证管理等。
i） 系统安全管理应提供系统运行环境的网络安全管理和安全保护、数据库的容灾备份机制、敏感信息标记以及用户使用日志审计等功能。数据库系统安全管理应有相应的硬件、软件和人员来支持。
j） 系统应具备预警信息处理功能,并将预警信息以电子邮件和短信等形式通知相关人员。
k） 数据装载应包括数据的筛选、输入、校验、转换和综合等主要步骤。
l） 数据精度要求。结构监测数据以及分析数据的精度应满足监测目的,并根据结构特性、监测内容确定。
m） 查询的响应级别应为秒级,分析结果及可视化等方面应能满足实际使用的要求。

10.5.3 数据库的架构组成

a） 数据库按主题可划分为监测设备数据库、监测信息数据库、结构模型信息数据库、评估分析信息数据库和用户数据库等。
1） 监测设备数据库的内容应包括设备标识、设备名称、所属子站、几何位置、设备功能、出厂参数、安装时间、采样频率、警戒值、运行状况、维修记录等。

2) 监测信息数据库应包括监测到的原始环境信息、荷载信息、结构反应信息、结构形态信息以及原始数据经简单处理后的附加信息。各种原始监测信息的记录应能满足监测目的。环境信息的内容一般包括气压、风速和风向、环境温度和太阳辐射强度、湿度、腐蚀;荷载信息的内容一般包括风压、地面加速度、车辆荷载、结构温度;结构反应信息的内容宜包括结构位移、速度、加速度、应变、倾角、沉降;结构形态信息包括结构的几何坐标或线形。
3) 结构模型信息数据库内容应包括设计图纸、基本参数、结构模型等。
4) 评估分析信息数据库的内容应包括评估所采用的准则和方法,评估时的主体、时间、参数、对象、结果和报告。
5) 用户数据库的内容应包括用户名、用户标识、用户组、个人信息等。

b) 数据库应建立在清晰、简明、标准化的数据元上,保证用户方便、快速、准确地检索到所需的信息。
c) 数据元标准应包括数据元的定义、命名/标识和一致性。
d) 监测单位应遵照"国际标准、国家标准、行业标准和企业标准"来建立适合结构物实际情况的健康监测信息分类与编码标准,应做好名词俗语的标准化,确定信息分类与编码对象、编码原则和编码表标准。

10.5.4 数据库的选型

a) 选择数据库管理系统宜考虑下列因素:
1) 系统支持对海量数据的高效管理机制。
2) 异常情况下的容错功能。
3) 系统恢复功能。
4) 系统宜支持分布式数据管理功能,包括分布式数据存储、复制、数据透明访问等。

b) 异常情况下的容错功能可按下列内容进行评价:
1) 有无操作系统故障、网络故障硬件的容错。
2) 有无磁盘镜像处理功能软件的容错。
3) 有无应用软件异常情况的容错功能。

c) 当突然停电、出现硬件故障、软件失效、病毒或严重错误操作时,系统应提供恢复数据库的功能,如定期转存、恢复备份、回滚等,使系统将数据库恢复到损坏以前的状态。

10.5.5 系统交互方式

a) 系统交互可采用人机交互、监测系统与数据库系统交互,也可为分布式环境下的协作交互。
b) 系统交互应符合下列规定:
1) 人机交互系统应具有友好的、符合专业操作习惯的用户界面。
2) 监测系统可通过数据传输与控制系统将监测数据存储到数据库系统中,也可从数据库中请求和提取需要处理和分析的数据。处理分析完的相关信息应存储在数据库系统中,以便系统能够进一步进行各种深入分析和评估。
3) 在分布式环境下,可通过数据的分片等技术将系统数据进行分布存储。

10.5.6 数据库的运行管理

a) 数据库的工作环境应满足下列要求:
1) 数据库管理系统应处于安全的物理环境。对数据库管理系统资源的处理应限定在一些可控制的访问设备内,防止未授权的访问。系统硬件和软件应受到保护以免未授权用户的物理修改。
2) 应有一个或多个能胜任的授权用户来管理数据库管理系统和它所包含信息的安全。管理员应经过一定培训，以便能正确有效地建立和维护安全策略。被授权的管理员应严格遵从系统管理员文档的要求进行操作，不会蓄意破坏数据库管理系统，不会蓄意违反操作规程。授权用户具备必要的授权来访问由数据库管理系统管理的少量信息。

3）数据库管理系统应在系统管理员的配置下能正常运行，用户可通过网络远程访问和使用数据库管理系统。授权用户可获得他们希望得到的适当服务。

b）在应用程序调试完成后，应对数据库进行试运行操作，包括功能测试和性能测试。试运行操作期间，应做好数据库的备份和恢复工作。

c）数据库的维护应符合下列规定：

1）数据库管理员应针对不同的应用要求制订不同的数据备份计划，定期对数据库和日志文件进行备份，以保证一旦发生故障，能利用数据库备份和日志文件备份尽快将数据库恢复到某种一致性状态，并尽可能减少数据库的丢失。

2）数据库管理员应根据用户的实际需要授予其不同的操作权限。在数据库运行过程中，宜根据环境的变化适当调整原有的安全性和完整性控制，以满足用户要求。

3）数据库管理员应借助数据库管理系统的系统性能监测工具来监督系统运行状态，判断当前系统是否处于最佳运行状态；否则，需要通过调整某些参数来进一步改进数据库性能。

4）数据库管理员在必要时应借助数据库管理系统提供的实用程序对数据库进行重组织和重新构造。

11 结构状态参数与损伤识别

11.1 一般规定

11.1.1 结构状态参数应包括结构固有频率、振型、应变模态、阻尼、曲率、挠度、倾角等结构参数；针对不同桥梁结构，宜选取最能表征结构性能的参数，具体可参考《公路钢筋混凝土及预应力混凝土桥涵设计规范》（JTG D62—2004）、《公路钢结构桥梁设计规范》（JTG D64—2015）、《公路工程抗震规范》（JTG B02—2013）等相关国家、行业规范和标准中提出的关键控制参数。

11.1.2 结构损伤常见类型有裂缝、钢筋锈蚀等，针对不同的结构形式，关键损伤的类型存在差异，宜针对具体结构形式选取较易发生、对结构性能影响较大的损伤类型进行监测，具体可参考《公路桥涵养护规范》（JTG H11—2004）、《城市桥梁养护技术规范》（CJJ 99）等相关国家、行业规范和标准中提出的各类桥型的关键损伤类型。

11.1.3 结构状态参数和损伤识别是基于应变监测采用直接或间接的方法实施。

11.2 结构模态参数识别

11.2.1 在识别结构动力特性参数的过程中，可认为结构是一种线性、时不变的稳定系统。应根据结构的特性、监测的目的，选择点式或长标距光纤传感器、准分布或区域分布识别结构动力特性。如对于易损伤的混凝土结构，宜选用长标距光纤传感器和区域分布。

11.2.2 结构的固有频率识别宜采用时频分析方法，应变时程中宜采用车辆荷载激励附近段的时程，提高信号中振动信息含量和解析可靠度；对于如风荷载等随机激励工况，可采用多次测量取均值，以提高识别精度。

11.2.3 结构应变模态识别宜通过对各监测单元应变时程实施时频分析后，采用相同自然频率下的幅值之间的比例关系来识别结构的某阶应变模态振型。

11.2.4 结构曲率模态识别应基于曲率与应变之间存在的直接关系，通过式（2）获得：

$$\Phi = \left\{\Phi_1^r, \Phi_2^r, \cdots, \Phi_i^r, \cdots, \Phi_n^r\right\}^{\mathrm{T}} = \left\{\frac{\phi_1^r}{\phi_{\mathrm{R}}^r}, \frac{\phi_2^r}{\phi_{\mathrm{R}}^r}, \cdots, \frac{\phi_i^r}{\phi_{\mathrm{R}}^r}, \cdots, \frac{\phi_n^r}{\phi_{\mathrm{R}}^r}\right\}^{\mathrm{T}} \tag{2}$$

式中：ϕ_i^r——第 i 个单元的曲率在第 r 阶模态下的幅值；

ϕ_R^r——参考单元的曲率在第 r 阶模态下的幅值，计算如下：

$$\phi_i^r = \frac{\varepsilon_i^r}{y_i} \tag{3}$$

式中：y_i——第 i 个单元的中和轴高度。

11.2.5 结构位移振型识别宜根据位移与应变之间的直接关系，通过下述两种方式获得：

a) 对于第 r 阶模态，可采用积分法利用模态应变计算位移模态，如式(4)所示。

$$D^r = \iint_L \frac{\varepsilon^r}{y} \mathrm{d}x\mathrm{d}x \tag{4}$$

b) 对于第 r 阶模态，也可采用共轭梁法利用模态应变[点应变，长标距(宏)应变]计算位移模态。

11.2.6 结构阻尼比识别宜采用下述两种方法：

a) 冲击振动荷载下，将测得的输入(激励信号)和输出(应变时程信号)作傅立叶变换，由输出和输入的比值得到频响函数，利用半功率带法获得阻尼比。

b) 环境激励荷载下，应对原始数据进行预处理(如滤波、加窗等)，然后选定参考单元，求其余单元的应变时程信号与参考单元的互相关函数，进行傅立叶变换得到环境激励下缩放的频响函数，根据峰值法识别频率和阻尼。

11.3 变形识别

11.3.1 应根据结构的特性、监测的目的，选择点式或长标距光纤传感器、准分布或区域分布识别结构变形。如对于易损伤的混凝土结构，宜选用长标距光纤传感器和区域分布。

11.3.2 曲率识别宜针对传感器的布设情况采用相应的方法。对于单元截面高度上只布设一只传感器的情况，宜采用纤维模型解析曲率；对于单元截面高度上布设两只或多只传感器的情况，宜通过应变直接计算曲率。

11.3.3 挠度识别宜采用下列方法：

a) 共轭梁法，将实梁的曲率分布作为等效荷载施加在虚梁上计算虚梁的弯矩分布，将其等效为实梁的挠度分布，共轭梁方法具体可参考本规范附录 A。

b) 纤维模型有限元法，利用纤维模型解析结构的弯矩分布，将弯矩施加到有限元模型计算挠度。

c) 挠度识别还可采用应变积分等方法。

11.3.4 倾角识别宜采用下列方法：

a) 直接测量计算法，利用应变计算单元的相对倾角，将各单元的相对倾角求和即可计算倾角。

b) 共轭梁法，将实梁曲率分布作为等效荷载施加在虚梁上计算虚梁剪力分布，将其等效为实梁的倾角分布。

11.4 刚度识别

11.4.1 宜根据结构的特性、监测的目的，选择点式或长标距光纤传感器识别刚度。如对于易损伤的混凝土结构，宜选用长标距光纤传感器。

11.4.2 结构的抗弯刚度识别可采用纤维模型解析法，该方法可直接计算结构的抗弯刚度。

11.4.3 结构的抗弯刚度变化可采用应变模态法，该方法通过应变模态与结构抗弯刚度之间的关系计算刚度的相对变化。

11.5 结构模型修正

11.5.1 结构有限元模型修正宜采用设计参数修正法，参数可选择应变、曲率、挠度等静力参数，以及结构固有频率、应变模态、位移振型等动力参数。

11.5.2 在测试条件允许的前提下,宜采用多目标参数、动静力参数组合的模型修正法。

11.5.3 宜根据结构的特性、监测的目的,选择点式或长标距光纤传感器、准分布或区域分布识别结构模型参数,如对于易损伤的混凝土结构,宜选用长标距光纤传感器和区域分布。宜采用本规范第11.2、11.3条中的方法识别结构参数并用于结构有限元模型修正。

11.6 损伤识别

11.6.1 静力直接法。应通过对比相关的阈值规定,比较实测的应变/曲率,判断是否发生损伤;宜采用长标距准分布式或区域分布传感布设的方式获得响应;可用于结构裂缝、预应力索断丝的识别。

11.6.2 静力间接法。通过比较特定荷载形式下各单元的长标距应变比值,若比值发生显著变化,则对应位置或单元发生损伤;宜采用长标距准分布式或区域分布布设的方式获得结构响应;可用于结构裂缝、钢筋锈蚀和支座变化的识别。

11.6.3 动力指纹法。动力指纹法主要有固有频率法、应变模态法、曲率模态法、应变模态能量法、应变模态柔度法等;对于非均质的混凝土桥隧结构,模态类指标宜采用基于区域分布传感获得的应变输入、多次测量统计获取归一化模态参数,宜采用长标距准分布或区域分布传感的布设方式;应变模态损伤识别的方法可参考本规范附录B;可用于结构裂缝、钢筋锈蚀和支座变化的识别。

11.6.4 应力谱统计法。结合材料的应力-寿命曲线和累计损伤理论进行损伤识别;可采用长标距准分布式或区域分布传感布设的方式获得结构应变响应;可用于结构疲劳损伤识别。

11.6.5 纤维模型解析法。将监测的应变输入结构截面的纤维模型计算钢筋面积;可采用点式、长标距准分布式和区域分布传感布设的方式获得结构应变响应;可用于钢筋锈蚀识别。

11.6.6 应力差法。比较钢筋和周围混凝土间、预应力索与锚具内黏结材料间的应变差值,依据变形一致的前提判别损伤;可采用点式、长标距准分布式和区域分布布设的方式获得结构应变响应;可用于钢筋锈蚀或预应力索锚固失效的识别。

11.6.7 宜分析所监测结构的可能发生损伤,结合监测的外部荷载形式,选取合适的损伤识别方法。

11.7 内力识别

结构的内力识别可采用纤维模型方法,将应变输入纤维模型中可计算单元各层纤维的应力分布,再计算单元的轴力、弯矩等。

11.8 荷载识别

荷载识别可采用下列方法:

a) 弯矩法。利用纤维模型法可计算单元的弯矩分布,利用弯矩和荷载之间的关系反算荷载。

b) 影响线面积法。移动荷载通过结构时的应变时程面积与单位荷载下的影响线面积之间的比值即是移动荷载的大小。

12 结构性能评估与预测

12.1 一般规定

12.1.1 基于结构的状态参数、损伤识别、结构检测以及书面材料等,对结构进行异常分析并预警、对结构状态及性能进行评估、设置安全报警机制、并对结构寿命进行预测。

12.1.2 当结构出现如下情景之一,需对结构性能进行评估:

a) 发现结构存在异常。

b) 结构检测过程中发现明显病害,或者已有病害呈加速发展趋势。

c） 结构的定期评估。

d） 结构的特殊评估，包括针对结构的应急性评估和普查性评估。

e） 结构的使用功能或使用范围发生改变。

12.1.3 结构性能评估需要准确把握结构的当前性能水平，以便及时进行合适的结构养护和管理，对于性能水平低下的结构需及时进行维护和加固。

12.1.4 结构性能评估除了应评估当前结构性能状态之外，还需综合考察结构性能下降的程度和速率，分析其退化规律，预测结构的远期性能状态，并对结构的使用寿命作出预测。

12.1.5 结构性能评估及预测应充分利用监测数据，并结合结构检测情况和历史数据，综合分析，得出准确的性能状态水平，在性能水平下降至一定程度时，需及时实施预警或报警。

12.1.6 结构维护管理需在结构性能评估与预测的基础上及时调整措施与计划。

12.2 异常分析与预警

12.2.1 结构的健康监测需对结构出现的异常情况进行探测和分析，并根据分析结果及需要进行安全预警或性能评估。

a） 当大于预警值时，进行预警的同时进行性能评估。

b） 当小于预警值并大于异常值时，进行性能评估，如评估后判断大于预警时应进行预警，否则不进行预警。

12.2.2 应根据异常值超过预警值的程度，进行黄色、橙色和红色预警。

12.2.3 通过结构的监测数据，获取相关的结构状态参数及损伤指标，如超过预设的极限警戒值，则由系统发出安全报警信号，同时进行性能评估，对结构的实际性能水平进行分析预测。

12.2.4 通过结构的监测数据，获取相关的结构参数及损伤指标，如未超过预设的极限警戒值，但已经超过某一正常水平或正常范围时，则预示异常，应由系统发出安全预警信号。

12.2.5 结构的异常分析方法主要有以下三种：

a） 基于阈值分析。当监测指标存在阈值时，可根据监测数据/指标是否超过阈值来判别结构是否正常；同时，通过监测得到的结构响应数据与参数指标与阈值之间的差距也可大致判断其异常的程度。

b） 基于合理值或合理范围分析。基于监测数据/指标是否在合理值附近或者在合理范围之内进行异常分析与判断。

c） 基于某基准时点（如建成初期）数据的分析。通过当前结构参数/指标与基准时点的相应结构参数指标进行比较而判断结构的异常。基准时点通常可选用结构刚建设完成时，或者监测系统搭设完成时的时间点。

以上三种基于监测的异常分析方法见表20。

表20 基于基准比较的异常分析方法

分 类	比 较 基 准	结构参数及损伤指标 D_m 与比较基准的关系	异 常 判 断
1	阈值：$[D]$	$D_m < [D]$	监测值不应超过相应阈值，监测值与阈值间的距离
2	合理值：P 合理范围：$P_1 \sim P_2$	$\|D_m - P\| < P_d$ $P_1 < D_m < P_2$	监测值是否在合理值附近，监测值是否在合理范围之内
3	基准时点的监测值：I_m 基准时点的状态计算值：I_c	D_m/I_m D_m/I_c	当前监测值与基准时点的监测值或状态计算值进行比较

12.2.6 结构状态参数及损伤指标可为某直接监测量，也可为基于监测量推导演化获得的物理量；交通工程结构的异常分析与安全预警主要可依据以下指标实施：

a) 结构的应力、应变，宜通过光纤传感器测量。
b) 结构的刚度，宜通过应变分布进行识别测定。
c) 结构挠度，宜通过应变分布进行识别，或通过水准仪、全站仪等测定。
d) 结构超载，宜基于应变分布进行荷载识别（详见第 11 章）或通过车辆称重系统识别。
e) 结构裂缝，宜通过区域分布应变分布、光纤全域应变分布或图像识别测定。
f) 混凝土腐蚀深度，宜通过光纤传感器监测、氯离子扩散深度、X 射线钢筋截面测定等方法获取。
g) 结构沉降，宜通过应变分布识别推算，或使用水准仪、全站仪等测定。
h) 结构伸缩缝宽度，宜通过长标距应变传感器测定。
i) 结构断面收敛变形，宜通过光纤应变反演推算，或使用水准仪、全站仪等测定。
g) 结构基础冲刷，宜通过光纤冲刷传感器进行监测和评估。
k) 斜拉索与吊杆的索力，宜通过光纤传感器测量。
l) 结构（如桥墩）的倾斜度，宜通过长标距应变传感器测定。
m) 结构动力特性，宜采用光纤光栅传感器进行监测，并基于第 11 章方法进行识别和分析。
n) 针对参考传感器的结构归一化宏应变模态，宜采用光纤光栅传感器进行监测，并进行识别和分析。
o) 结构的其他动、静态分析指标和结构状态参数等，可采用各式点式或长标距光纤传感器进行监测、识别和分析。

12.2.7 结构的异常分析与安全预警主要采用设定阈值来实现，包括异常阈值和极限阈值，这些阈值应根据结构的设计值、相关现行规范所规定的容许值，并结合结构的重要性等多种因素综合确定。

12.2.8 基于监测数据针对结构的异常分析，除了结构的相关参数与状态指标，监测数据本身的数据特征与规律也可用于判断结构是否出现异常情况。

12.2.9 结构异常分析过程中，如果发现某一参数或指标已经提示出现异常，此时为了提高判断的准确性，应结合多个参数和指标同时进行判断分析，或采用统计等手段进行合理分析。

12.2.10 结构异常分析与安全预警应包含结构实现功能的多个方面，主要体现在安全性、使用性、耐久性等方面。

12.2.11 针对安全预警指标，应采用合适的光纤传感技术，保障数据和参数指标的可靠性。

12.2.12 在系统发出安全预警指令后，系统应通过声、光、警示牌、广播等手段及时报警。

12.2.13 结构发生预警后，须有工程结构所属的管养单位及时进行查看确认，并采取必要的应对措施。

12.3 性能评估

12.3.1 一般规定

a) 结构的性能评估，可根据由光纤传感监测系统获得的对结构状态参数的全面识别而对结构进行直接评估，也可结合通过结构检测等获得的相关参数和指标进行综合评估。
b) 结构检测过程中，可使用光纤传感系统进行传感测试。

12.3.2 交通基础设施性能的指标

a) 交通基础设施的性能一般宜通过具体的指标体现。

b） 结构各项性能的常用指标见表21。

表21 交通基础设施性能评估可采用的指标

交通工程结构性能	常用指标
安全性能	断面承载力，包括弯矩、轴力、剪力、扭矩等；疲劳承载力；结构稳定性；构件的延性；结构裂缝；风振响应特性、地震响应特性
使用性能	结构位移；结构变形；裂缝；渗漏性
耐久性指标	抗渗性；抗冻性；抗侵蚀性；抗疲劳性
其他性能	结构的剥离和掉落；附属设施倒塌；河道通航受桥梁结构的限制；交通运营振动及噪声；隧道开挖及运营对附近地基影响

c） 对于安装有结构健康监测系统的结构，应充分利用健康监测系统所提供的数据进行评估，健康监测系统的设计与搭建应充分考虑结构状态参数识别及性能评估的需要，合理选择传感技术和布设方式，并保证数据的稳定性、可靠性。

12.3.3 结构安全等级评定

a） 交通基础设施的性能评估可通过对各主次部件、各评价指标进行综合评估，常用的方法即采用等级评定法，对结构各方面进行评估打分，然后根据一定的权重进行宏观的综合评分，通过分值对结构性能进行分级评估。

b） 等级评定中的权重系数应根据结构类型、重要性指数、评估背景和目的合理设定。

c） 应该区分主要部件和次要部件，在性能评估中应对结构整体、结构主要部件和结构的次要部件分级评估，其评定等级分别由表22～表24确定。

表22 结构整体性能评定等级

等级	总体评价	性能状况描述
1	完好	全新状态，功能完好，在设计荷载和监测荷载作用下，结构稳定，所有构件的内力、变形均小于设计值且满足现行规范要求
2	较好	有轻微损伤，对结构使用功能无影响
3	中度损伤	有中等损伤，尚能维持正常使用功能
4	损伤严重	主要构件有大的损伤，严重影响结构使用功能
5	危险	主要构件存在严重损伤，不能正常使用，结构处于危险状态

表23 结构主要部件性能评价等级

等级	总体评价	性能状况描述
1	完好	全新状态，功能完好，在设计荷载和监测荷载作用下，结构部件稳固，内力、变形均小于设计值且满足现行规范要求
2	较好	功能良好，部件出现有局部轻微缺损或污染
3	中度损伤	部件有中等缺损，或出现轻度功能性病害，但发展缓慢，尚能维持正常使用功能

表 23　结构主要部件性能评价等级(续)

等　　级	总 体 评 价	性 能 状 况 描 述
4	损伤严重	部件有严重缺损,或出现中等功能性病害,且发展较快,结构变形小于或等于规范值,功能明显降低
5	危险	部件严重损伤,或出现严重功能性病害,且有继续扩展现象,关键部位的部分材料强度达到极限,变形大于规范值,结构的强度、刚度、稳定性不能达到安全通行的要求

表 24　结构次要部件性能评定等级

等　　级	总 体 评 价	性 能 状 况 描 述
1	良好	全新状态,功能良好,部件有轻度损伤
2	中度损伤	部件有中等损伤,但不影响使用功能
3	严重损伤	部件有严重缺损,出现功能降低,进一步恶化将不利于主要部件
4	危险	部件有严重损伤,失去应有功能,严重影响正常交通

12.3.4　结构的可靠度分析及评估

a)　结构若同时满足安全性、适用性、耐久性要求,应认为结构可靠。

b)　实际交通基础设施的结构存在诸多随机因素,宜利用基于概率理论分析其可靠度,桥梁结构的性能评价宜通过结构可靠度分析进行评估。

c)　结构的不确定性主要包括其各相关状态、参数的不确定性、模糊性和知识不完备性。

d)　结构可靠性分析应根据构件可靠度和体系可靠度两个方面进行分析和评估。

12.3.5　结构的抗震性能评估

a)　经验法。依据之前大量的地震灾害及结构受损情况的数据统计,根据当前环境和结构参数,推算出结构在某种地震动作用下的受损程度和性能状态,可用于结构震前的抗震性能评估及预测,以及震后的抗震性能评估。

b)　能力需求比法。通过“能力”相对于“需求”的比值而对结构进行抗震评估,根据结构损伤破坏的破坏准则一般可有以下四类:

　　1)　强度破坏准则。

　　2)　变形破坏准则。

　　3)　能量破坏准则。

　　4)　变形、能量双重破坏准则。

c)　能力谱法。通过由结构的能力谱曲线和需求谱曲线获得的性能点进行评估。

d)　概率法。结构的抗震性能分析与评估宜使用概率方法,其抗震分析与评估可在全概率理论的基础上分割成地震危险性分析、地震结构响应分析、结构损伤与破坏分析以及损失分析四个阶段,通过这四个阶段的随机变量及其概率密度函数构筑整个结构的抗震可靠度指标。

12.3.6　桥梁性能评估

a)　桥梁的构件分类。对于桥梁结构,构件应具体分为上部结构、下部结构和桥面系三大部分进行分析和评估。

b） 桥梁评估的构造层次及相应指标如下：

1） 基于构造层次，桥梁评估一般应分成整体、部件、特殊部位三层次分析与评估；对每一个层次进行考察时，具体宜针对安全性能、使用性能、耐久性能等三大方面进行评估。

2） 桥梁结构的性能评估可针对不同的评估情景合理使用监测数据、检测报告、历史数据及其他书面材料。对于安装有结构健康监测系统的桥梁，要充分利用健康监测数据进行及时评估，表25 为桥梁结构的不同层次的评估要求及相应的监测项目。

表25　桥梁结构不同层次的评估要求及相应的监测项目

评估层次	结构性能类别	性能指标	主要监测项目
整体	安全性	结构稳定性 抗风性 抗震性	位移、变形；结构刚度；应力、应变；荷载（交通荷载、风荷载、地震动等）
	使用性	行走性 舒适性	位移、变形、裂缝；路面坑洞及粗糙度
	耐久性	随时间退化的安全性能	结构下挠；结构体系变化
部件（梁、桥面板、桥墩、桥台、桥塔、桥面铺装、锚锭等）	安全性	截面承载力 疲劳承载力 结构延性	弯矩、轴力、剪力、扭矩等；荷载（交通荷载、风荷载、地震动等）；桥墩冲刷深度；材料特性
	使用性	行走性 舒适性	位移、变形、裂缝；路面坑洞及粗糙度
	耐久性	随时间退化的各个性能	钢材腐蚀；裂缝的生成及发展
特殊部位（支座、复合构造的结合部、拉索等）	安全性	截面承载力 拉索破损	荷载；截面弯矩、剪力、扭矩等；应力、应变；材料特性；拉索索力
	使用性	行走性 舒适性	裂缝发生及扩展；路面坑洞
	耐久性	随时间退化的各个性能	拉索的腐蚀

c） 桥梁主要构件的安全等级评定。桥梁主要构件的安全等级评定可根据《公路桥梁技术状况评定标准》（JTG/T H21—2011）评定。

d） 桥梁整体性能状况。桥梁整体性能状况宜根据上部结构、下部结构和桥面系的分级评定以及权重确定。相应的上部结构、下部结构和桥面系的分级评定则由属于此三部分的主要构件根据分级评定按一定权重组合确定，或是根据结构整体性指标的监测数据分析获得。

e） 桥梁承载力评估要求如下：

1） 桥梁承载能力是桥梁评估中一项重要的评估指标，一般应根据承载力公式计算及桥梁的静载和动载试验来分析评估。

2） 基于公式的承载力验算。桥梁结构承载力应由设计公式进行验算，验算过程中需根据监测数据更新公式中的参数,如钢筋腐蚀后的有效截面、梁的中性轴高度等。

3） 桥梁静力荷载试验。桥梁静力试验时,应同时在桥梁的关键部位和控制截面安装必要的传感器,并对结构进行逐级加载,计算测量在加载过程中桥梁的静力响应作用,分析评定桥梁的承载能力。具体可参照《公路桥梁承载力检测评定规程》(JTG/T J21—2011)。

4） 桥梁的动力荷载试验。桥梁的动力荷载试验包括利用车辆激振或激振器激振等方式产生动力荷载进行试验,应在桥梁关键部位安装光纤传感器获取结构相关响应时程,计算结构的模态参数(频率、模态、振型阻尼比、应变模态等)、转角、动挠度等物理参数,并进一步分析结构的承载能力。具体可参照《公路桥梁承载力检测评定规程》(JTG/T J21—2011)。

12.3.7 隧道结构的性能评估

a） 隧道宜进行总体性能的综合评价。

b） 隧道性能评估应考虑以下方面性能:

1） 结构承载力性能状况。

2） 隧道地质特性。

3） 隧道结构的横向及纵向变形状况。

4） 隧道的支护状况。

5） 隧道混凝土等材料特性。

6） 隧道结构的腐蚀情况。

7） 隧道漏水、排水情况。

8） 隧道的通风状况。

9） 隧道的顶部混凝土开裂、脱落状况。

c） 隧道结构性能评估时,一般包含整体性评价指标、结构安全性评价指标及结构耐久性评价指标等性能评价指标,具体见表26。

表26 隧道结构评估指标

评价指标类别	评价指标分类	具 体 指 标
整体性	表观特性	隧道裂缝;隧道破损;隧道渗漏;接缝情况
	变形	纵向变形;断面变形;隧道沉降
	抗震性	隧道埋深;隧道及支护结构刚度;抗震容许承载力
安全性	围岩压力	土(围岩)压力
	结构强度	应力、应变;管片螺栓强度;支护结构强度
	材料特性	混凝土强度、弹性模量
耐久性	环境条件	隧道内渗入水的水质;隧道内空气成分;隧道内环境温、湿度
	材料特性	混凝土特性;氯离子扩散分布;钢筋特性
	腐蚀特性	混凝土碳化深度;钢筋腐蚀程度

d) 隧道评估监测/检测断面一般应包含以下位置:
   1) 覆土层最浅的断面。
   2) 地下水位最高的断面。
   3) 地下水位最低的断面。
   4) 附加荷载大的断面。
   5) 具有偏心荷载的断面。
   6) 地表不平的断面。
   7) 已有毗邻隧道或将来规划有毗邻隧道的断面。

12.4 累积损伤推演及寿命预测

12.4.1 材料的累积疲劳性能及损伤一般应通过材料的 $S\text{-}N$ 曲线来表征。

12.4.2 累积疲劳损伤的推演应根据以下方法进行推演:

a) 线性疲劳损伤推演。宜使用 Miner 线性累积损伤准则,假设结构或构件在某幅值应力水平作用下的疲劳寿命为 N_i,则经过相应应力幅值 n_i 次循环后结构(或构件)的损伤度 M 为:

$$M = \Sigma\left(\frac{n_i}{N_i}\right) \tag{5}$$

运用 Miner 准则进行疲劳累积损伤分析时,宜采用以下步骤进行:
   1) 获取结构(或构件)的荷载(或应力)谱,选取合适的荷载(或应力)水平。
   2) 确定与结构(或构件)对应的 $S\text{-}N$ 曲线。
   3) 对荷载(或应力)循环进行计数,并计算损伤程度。

b) 双线性疲劳累积损伤推演。应考虑疲劳过程中的裂缝产生和裂缝扩展这两个发展阶段的不同特性,宜对这两个阶段分别采用线性累积损伤准则进行分析,形成双线性疲劳累积损伤准则。

c) 非线性疲劳累积损伤推演。应充分客观而准确地体现结构的疲劳损伤累积程度,可采用非线性的疲劳累积损伤准则进行分析评估。比较常用的方法可采用 Macro-Starkey 准则或 Carten-Dolan 准则。

d) 基于概率的疲劳累积损伤推演。应结构疲劳产生和发展的不确定性,可采用基于概率的疲劳累积损伤理论进行分析,常用的方法是基于概率 Miner 理论的损伤累积推演,用各因素的概率分布来计算累积损伤。

12.4.3 寿命预测的相关要求如下:

a) 在结构疲劳分析中,根据累积疲劳损伤的推演分析,结合结构和材料的疲劳寿命,可对结构的使用寿命作出预测。

b) 在结构的耐久性分析中,通过大量测试和试验,建立结构耐久性指标的退化规律曲线,根据此退化规律曲线和满足工程结构性能要求的耐久性指标阈值,对结构寿命作出预测。

13 系统验收与维护

13.1 一般规定

a) 结构健康监测系统在交付给用户前,应有 6 个月以上的试用期,且须由相关部门组织验收,形成完善的交付手续。

b) 结构健康监测系统验收应包括系统硬件和系统软件验收。

c) 结构健康监测系统硬件宜按本章规定组织验收。

d) 结构健康监测系统软件应组织专业人员进行验收。

e) 应安排专职人员对结构健康监测系统进行日常和定期维护管理。

f) 专职人员应熟练掌握结构健康监测系统的硬件性能,熟练操作系统软件,能有效处理系统中出现的各类常见故障。

13.2 传感器抽检与储存

13.2.1 现场验收

a) 传感器型号及规格须符合设计要求并有生产厂家的合格认证标识,数量和传感性能应符合设计要求,并填写验收表(表27)。

b) 传感器的引出光纤及其与主干光缆直接连接部位需进行保护。

c) 传感器之间的光纤熔接接头须放置在传感器保护罩内或穿管保护。

d) 传感器串接时不用的尾端须放置在传感器保护罩内,保持美观整洁。

e) 传感器引出的光纤尾纤的最小弯曲半径不得小于5cm。

f) 光纤连接处须进行可靠固定,以保证光纤传输线路的长期稳定性。

g) 抽检和确认各传感器性能,每个传感器都应有标定系数,抽取不少于5%的传感器进行传感性能校核,如果抽检不合格则在同批次的产品中双倍加抽检验,如果双倍加抽检验仍不合格则做退货处理。

13.2.2 现场储存

a) 根据传感器数量等确定现场储存位置和面积,不同类型传感器应分开放置,并做好防火、防潮、防晒、防雨等保护措施。

b) 传感器储存前,应清理现场并做好准备工作。

c) 传感器储存前,应根据技术资料和传感器购买凭证等做好传感器的入库记录工作。

d) 相关人员应对现场传感器进行有效标识,并注意保护标识。

e) 应定期对现场传感器进行检查,发现问题及时处理,宜按表27记录验收情况。

表27 光纤传感器现场验收表

生产日期	型号/规格	数量/抽检数	检验记录		结论	检验员	备注(厂家)
			外观	传感性能(灵敏度系数及稳定性等)			

13.3 数据采集站分项工程质量检验

a) 数据采集单元(各级采集设备终端)检查项目见表28。

表28 数据采集单元(各级采集设备终端)检查项目一览表

项次	检查项目	规定值或允许偏差	检查方法
1	设备安装位置及分布合理性	符合设计要求	长、宽用量具测量,埋深查隐蔽工程验收记录或实测
2	机柜的防腐涂层厚度	符合设计要求	量具或涂层测厚仪

表 28　数据采集单元(各级采集设备终端)检查项目一览表(续)

项　次	检 查 项 目	规定值或允许偏差	检 查 方 法
3△	绝缘电阻	强电端子对机壳≥50MΩ	500V 兆欧表测量
4△	安全接地电阻	≤4Ω	接地电阻测量仪
5△	防雷接地电阻	≤10Ω	接地电阻测量仪
6	UPS 安装与性能检测	符合合同要求	实际操作
7	工控机及采集设备检测	工作正常,符合监测或合同要求	实际操作
8	信号调理器检测	工作正常,符合监测或合同要求	实际操作
9	机柜温控(空调)系统	-10℃ ~70℃范围内工作正常	实际操作
10△	数据传输性能	24h 观察时间内丢帧(失步)现象不大于 1 次或 BER≤10^{-8}	查日志或用数据传输测试仪

b)　电缆检查项目见表 29。

表 29　电缆检查项目一览表

项　次	检 查 项 目	规定值或允许偏差	检 查 方 法
1	光纤护层绝缘电阻	≥1 000MΩ · km	1 000V 兆欧表测量(仅对直埋光纤)
2△	单模光纤接头损耗平均值	≤0.1db	光万用表或光时域反射计测量
3△	多模光纤接头损耗平均值	≤0.2db	光万用表或光时域反射计测量
4△	中继段单模光纤总衰耗	符合设计要求	光万用表或光源、光功率计在中继段两端测量
5△	低速误码率	BER≤10^{-8}	将线对一端短接,另一端接数据传输测试仪以 64K 速率测量
6	同轴电缆衰耗	符合设计要求	衰耗测试仪
7	同轴电缆内外导体绝缘电阻	≥500MΩ	用兆欧表 500V 档,在连接器的芯线和外导体之间测量
8△	信号电缆绝缘电阻	≥500MΩ · km	用 1 000V 兆欧表在线对之间测量
9	信号电缆直流电阻	≤23.5Ω/km	用电桥或电缆分析仪测量
10△	电力电缆绝缘电阻	≥2MΩ	用 1 000V 兆欧表在配电箱和用电设备两点间测量
11	光电缆埋深	符合设计要求	查隐蔽工程记录,必要时挖开实测

c) 网络传输通信设备安装与调试工程检查项目见表30。

表30 网络传输通信设备安装与调试工程检查项目一览表

项 次	检 查 项 目	规 定 值	技 术 要 求	检 查 方 法
1△	网线接线图	EIA/TIA 568	通信行业标准 YD/T 1013	双绞线缆
2	布线长度	符合设计要求	通信行业标准 YD/T 1013	双绞线缆
3△	衰减	EIA/TIA 568	通信行业标准 YD/T 1013	双绞线缆
4△	近端串扰	EIA/TIA 568	通信行业标准 YD/T 1013	双绞线缆
5	环路阻抗	EIA/TIA 568	通信行业标准 YD/T 1013	双绞线缆
6	远方近端串扰衰耗	EIA/TIA 568	通信行业标准 YD/T 1013	5e,6类双绞线缆
7	相邻线对综合串扰	EIA/TIA 568	通信行业标准 YD/T 1013	5e,6类双绞线缆
8	远端串扰与衰减比	EIA/TIA 568	通信行业标准 YD/T 1013	5e,6类双绞线缆
9	近端串扰与衰减比	EIA/TIA 568	通信行业标准 YD/T 1013	5e,6类双绞线缆
10	综合远端串扰比	EIA/TIA 568	通信行业标准 YD/T 1013	5e,6类双绞线缆
11△	回波衰耗	EIA/TIA 568	通信行业标准 YD/T 1013	5e,6类双绞线缆
12	传输时延	EIA/TIA 568	通信行业标准 YD/T 1013	5e,6类双绞线缆
13	线对间传输时延差	EIA/TIA 568	通信行业标准 YD/T 1013	5e,6类双绞线缆
14△	同轴电缆特性阻抗	50Ω或75Ω	通信行业标准 YD/T 1013	同轴缆
15	光纤接头损耗	0.2db	光时域反射计	光缆
16	光纤接头回损	按设计文件	光时域反射计	光缆
17	光纤衰耗	按设计文件	光时域反射计	光缆
18△	网络维护性测试	符合设计要求	网络测试仪	网络
19	网络健康测试	符合设计要求	网络测试仪	网络

d) 数据采集站分项工程质量检验评定见表31、表32。

13.4 数据传输网络分项工程质量检验

数据传输网络分项工程质量检验评定见表33。

13.5 传感器施工分项工程质量检验

传感器施工分项工程质量检验评定见表34。

13.6 监测中心信息设备软硬件分项工程质量检验

监测中心信息设备软硬件分项工程质量检验评定见表35。

13.7 现场施工质量管理

13.7.1 外观检查

光纤传感器的安装应平整和美观,传感器连接处连接线有无破坏,施工是否对结构造成破坏以及是否影响结构的外观。

表 31　数据采集站分项工程质量检验评定表(可选选项)

<table>
<tr><td colspan="4">分项工程名称:数据采集(子)站(单元、终端)分项工程</td><td colspan="9">所属监测系统名称:</td><td colspan="6">所属(建设)项目:</td></tr>
<tr><td colspan="2">工程部位</td><td colspan="2"></td><td colspan="3">施工单位</td><td colspan="6"></td><td colspan="3">监理单位</td><td colspan="3"></td></tr>
<tr><td colspan="2">基本要求</td><td colspan="17">1. 数据采集站设备数量、型号、规格符合要求,部件完整□;2. 传感器和采集站安装位置正确,安装规范,符合设计要求□;3. 缆线的数量、型号、规格符合要求□;4. 布线规范、保护措施正确、走线平直整齐、固定可靠、标识清楚正确□;5. 线缆接续、连接规范□;6. 提交的资料齐全□</td></tr>
<tr><td rowspan="20">实测项目</td><td rowspan="2">项次</td><td rowspan="2">检查项目</td><td rowspan="2">规定值或允许偏差</td><td colspan="12">实测值或实测偏差值</td><td colspan="3">质量评定</td></tr>
<tr><td>1</td><td>2</td><td>3</td><td>4</td><td>5</td><td>6</td><td>7</td><td>8</td><td>9</td><td>10</td><td>11</td><td>12</td><td>合格率(%)</td><td>权值</td><td>得分</td></tr>
<tr><td>□1</td><td>电源对机壳的绝缘电阻</td><td>≥50MΩ</td><td></td><td></td><td></td><td></td><td></td><td></td><td></td><td></td><td></td><td></td><td></td><td></td><td></td><td></td><td></td></tr>
<tr><td>□2</td><td>工作接地电阻</td><td>≤4Ω</td><td></td><td></td><td></td><td></td><td></td><td></td><td></td><td></td><td></td><td></td><td></td><td></td><td></td><td></td><td></td></tr>
<tr><td>□3</td><td>保护接地电阻</td><td>≤4Ω</td><td></td><td></td><td></td><td></td><td></td><td></td><td></td><td></td><td></td><td></td><td></td><td></td><td></td><td></td><td></td></tr>
<tr><td>□4</td><td>光纤传感器参数测量</td><td>处于正常状态</td><td></td><td></td><td></td><td></td><td></td><td></td><td></td><td></td><td></td><td></td><td></td><td></td><td></td><td></td><td></td></tr>
<tr><td>□5</td><td>传感器采集数据上传</td><td>上端能显示正常值</td><td></td><td></td><td></td><td></td><td></td><td></td><td></td><td></td><td></td><td></td><td></td><td></td><td></td><td></td><td></td></tr>
<tr><td>□6</td><td>数据采集频率和实时绘图</td><td>0 ~ 500Hz、实时曲线</td><td></td><td></td><td></td><td></td><td></td><td></td><td></td><td></td><td></td><td></td><td></td><td></td><td></td><td></td><td></td></tr>
<tr><td>□7</td><td>数据采集的预处理功能</td><td>均值、峰值、噪声阈值</td><td></td><td></td><td></td><td></td><td></td><td></td><td></td><td></td><td></td><td></td><td></td><td></td><td></td><td></td><td></td></tr>
<tr><td>□8</td><td>数据采集精度</td><td>≤1pm</td><td></td><td></td><td></td><td></td><td></td><td></td><td></td><td></td><td></td><td></td><td></td><td></td><td></td><td></td><td></td></tr>
<tr><td>□9</td><td>数据报表、导出功能</td><td>能统计、查询、打印</td><td></td><td></td><td></td><td></td><td></td><td></td><td></td><td></td><td></td><td></td><td></td><td></td><td></td><td></td><td></td></tr>
<tr><td>□10</td><td>数据备份、存档功能</td><td>日数据备份、时间记录</td><td></td><td></td><td></td><td></td><td></td><td></td><td></td><td></td><td></td><td></td><td></td><td></td><td></td><td></td><td></td></tr>
<tr><td>□11</td><td>工控机参数测量</td><td>处于正常状态</td><td></td><td></td><td></td><td></td><td></td><td></td><td></td><td></td><td></td><td></td><td></td><td></td><td></td><td></td><td></td></tr>
<tr><td>□12</td><td>与下端设备通信功能</td><td>实时准确采集数据</td><td></td><td></td><td></td><td></td><td></td><td></td><td></td><td></td><td></td><td></td><td></td><td></td><td></td><td></td><td></td></tr>
<tr><td>□13</td><td>对远程设备管理功能</td><td>设置调整校准诊断</td><td></td><td></td><td></td><td></td><td></td><td></td><td></td><td></td><td></td><td></td><td></td><td></td><td></td><td></td><td></td></tr>
<tr><td>□14</td><td>安全管理功能</td><td>授权监控符合要求</td><td></td><td></td><td></td><td></td><td></td><td></td><td></td><td></td><td></td><td></td><td></td><td></td><td></td><td></td><td></td></tr>
<tr><td>□15</td><td>系统安装连接可靠性</td><td>经振动无告警和误码</td><td></td><td></td><td></td><td></td><td></td><td></td><td></td><td></td><td></td><td></td><td></td><td></td><td></td><td></td><td></td></tr>
<tr><td>□16</td><td>电源中断警告</td><td>采集单元失去连接告警</td><td></td><td></td><td></td><td></td><td></td><td></td><td></td><td></td><td></td><td></td><td></td><td></td><td></td><td></td><td></td></tr>
<tr><td>□17</td><td>故障诊断报警功能</td><td>超报警阈值产生告警</td><td></td><td></td><td></td><td></td><td></td><td></td><td></td><td></td><td></td><td></td><td></td><td></td><td></td><td></td><td></td></tr>
<tr><td colspan="3">合计</td><td></td><td></td><td></td><td></td><td></td><td></td><td></td><td></td><td></td><td></td><td></td><td></td><td></td><td></td><td></td></tr>
<tr><td colspan="2">外观鉴定</td><td colspan="10">1. 光传输设备和光缆配线箱安装稳固、端正,配件齐全,环境符合要求;2. 光传输设备表面完好,无伤残,标识正确清晰;3. 光缆路由位置正确,排列整齐、捆扎牢固,盘留长度适当,标识正确清晰;4. 光缆的进线与成端规范;5. 以上任一项不符合要求时,该项扣减 0.2 ~ 1 分</td><td colspan="2">减分</td><td colspan="2"></td><td rowspan="2">监理方
评定意见</td><td colspan="2" rowspan="2"></td></tr>
<tr><td colspan="2">质量保证资料</td><td colspan="10"></td><td colspan="2">减分</td><td colspan="2"></td></tr>
<tr><td colspan="2">质量等级评定</td><td colspan="10">评分:</td><td colspan="7">质量等级:</td></tr>
<tr><td colspan="2">检验单位</td><td></td><td>负责人</td><td colspan="2"></td><td colspan="2">检测</td><td colspan="2"></td><td colspan="2">记录</td><td colspan="2"></td><td colspan="2">复核</td><td></td><td>日期</td><td></td></tr>
</table>

表 32　数据采集站分项工程质量检验评定表(建议选项)

<table>
<tr><td colspan="4">分项工程名称:数据采集(子)站(单元、终端)分项工程</td><td colspan="9">所属监测系统名称:</td><td colspan="6">所属(建设)项目:</td></tr>
<tr><td colspan="2">工程部位</td><td colspan="2"></td><td colspan="3">施工单位</td><td colspan="6"></td><td colspan="3">监理单位</td><td colspan="3"></td></tr>
<tr><td colspan="2">基本要求</td><td colspan="17">1. 数据采集站设备数量、型号、规格符合要求,部件完整□;2. 传感器和采集站安装位置正确,安装规范,符合设计要求□;3. 缆线的数量,型号、规格符合要求□;4. 布线规范、保护措施正确、走线平直整齐、固定可靠、标识清楚正确□;5. 线缆接续、连接规范□;6. 提交的资料齐全□</td></tr>
<tr><td rowspan="11">实测项目</td><td rowspan="2">项次</td><td rowspan="2">检查项目</td><td rowspan="2">规定值或允许偏差</td><td colspan="12">实测值或实测偏差值</td><td colspan="3">质量评定</td></tr>
<tr><td>1</td><td>2</td><td>3</td><td>4</td><td>5</td><td>6</td><td>7</td><td>8</td><td>9</td><td>10</td><td>11</td><td>12</td><td>合格率(%)</td><td>权值</td><td>得分</td></tr>
<tr><td>1</td><td>电源对机壳的绝缘电阻</td><td>≥50MΩ</td><td></td><td></td><td></td><td></td><td></td><td></td><td></td><td></td><td></td><td></td><td></td><td></td><td></td><td></td><td></td></tr>
<tr><td>2</td><td>工作接地电阻</td><td>≤4Ω</td><td></td><td></td><td></td><td></td><td></td><td></td><td></td><td></td><td></td><td></td><td></td><td></td><td></td><td></td><td></td></tr>
<tr><td>3</td><td>保护接地电阻</td><td>≤4Ω</td><td></td><td></td><td></td><td></td><td></td><td></td><td></td><td></td><td></td><td></td><td></td><td></td><td></td><td></td><td></td></tr>
<tr><td>4</td><td>光纤传感器参数测量</td><td>处于正常状态</td><td></td><td></td><td></td><td></td><td></td><td></td><td></td><td></td><td></td><td></td><td></td><td></td><td></td><td></td><td></td></tr>
<tr><td>5</td><td>工控机参数测量</td><td>处于正常状态</td><td></td><td></td><td></td><td></td><td></td><td></td><td></td><td></td><td></td><td></td><td></td><td></td><td></td><td></td><td></td></tr>
<tr><td>6</td><td>与下端设备通信功能</td><td>实时准确采集数据</td><td></td><td></td><td></td><td></td><td></td><td></td><td></td><td></td><td></td><td></td><td></td><td></td><td></td><td></td><td></td></tr>
<tr><td>7</td><td>与上端设备通信功能</td><td>实时准确上传数据</td><td></td><td></td><td></td><td></td><td></td><td></td><td></td><td></td><td></td><td></td><td></td><td></td><td></td><td></td><td></td></tr>
<tr><td>8</td><td>与下端设备管理功能</td><td>设置调整校准诊断</td><td></td><td></td><td></td><td></td><td></td><td></td><td></td><td></td><td></td><td></td><td></td><td></td><td></td><td></td><td></td></tr>
<tr><td colspan="3">合计</td><td></td><td></td><td></td><td></td><td></td><td></td><td></td><td></td><td></td><td></td><td></td><td></td><td></td><td></td><td></td></tr>
<tr><td colspan="2">外观鉴定</td><td colspan="10">1. 光传输设备和光缆配线箱安装稳固、端正,配件齐全,环境符合要求;2. 光传输设备表面完好,无伤残,标识正确清晰;3. 光缆路由位置正确,排列整齐、捆扎牢固,盘留长度适当,标识正确清晰;4. 光缆的进线与成端规范;5. 以上任一项不符合要求时,该项扣减 0.2～1 分</td><td colspan="2">减分</td><td colspan="2"></td><td rowspan="2">监理方评定意见</td><td colspan="2" rowspan="2"></td></tr>
<tr><td colspan="2">质量保证资料</td><td colspan="10"></td><td colspan="2">减分</td><td colspan="2"></td></tr>
<tr><td colspan="2">质量等级评定</td><td colspan="10">评分:</td><td colspan="7">质量等级:</td></tr>
<tr><td colspan="2">检验单位</td><td></td><td>负责人</td><td colspan="2"></td><td colspan="2">检测</td><td colspan="2"></td><td colspan="2">记录</td><td colspan="2"></td><td>复核</td><td></td><td>日期</td><td colspan="2"></td></tr>
</table>

表 33　数据传输网络分项工程质量检验评定表

<table>
<tr><td colspan="4">分项工程名称：数据传输网络系统分项工程</td><td colspan="9">所属监测系统名称：</td><td colspan="6">所属(建设)项目：</td></tr>
<tr><td colspan="2">工程部位</td><td colspan="2"></td><td colspan="3">施工单位</td><td colspan="6"></td><td colspan="3">监理单位</td><td colspan="3"></td></tr>
<tr><td colspan="2">基本要求</td><td colspan="17">1. 光纤传输系统的设备配置、数量、型号、规格符合要求□；2. 通信控制箱(机柜)电气绝缘、雷电保护指标符合要求□；3. 提交的资料齐全□</td></tr>
<tr><td rowspan="14">实测项目</td><td rowspan="2">项次</td><td rowspan="2">检查项目</td><td rowspan="2">规定值或允许偏差</td><td colspan="12">实测值或实测偏差值</td><td colspan="3">质量评定</td></tr>
<tr><td>1</td><td>2</td><td>3</td><td>4</td><td>5</td><td>6</td><td>7</td><td>8</td><td>9</td><td>10</td><td>11</td><td>12</td><td>合格率(%)</td><td>权值</td><td>得分</td></tr>
<tr><td>1</td><td>工作接地电阻</td><td>≤4Ω</td><td></td><td></td><td></td><td></td><td></td><td></td><td></td><td></td><td></td><td></td><td></td><td></td><td></td><td></td><td></td></tr>
<tr><td>2</td><td>安全接地电阻</td><td>≤4Ω</td><td></td><td></td><td></td><td></td><td></td><td></td><td></td><td></td><td></td><td></td><td></td><td></td><td></td><td></td><td></td></tr>
<tr><td>3</td><td>系统安装连接可靠性</td><td>经振动无告警和误码</td><td></td><td></td><td></td><td></td><td></td><td></td><td></td><td></td><td></td><td></td><td></td><td></td><td></td><td></td><td></td></tr>
<tr><td>4</td><td>光单元接收光功率</td><td>符合产品检验要求</td><td></td><td></td><td></td><td></td><td></td><td></td><td></td><td></td><td></td><td></td><td></td><td></td><td></td><td></td><td></td></tr>
<tr><td>5</td><td>光单元发送光功率</td><td>符合产品检验要求</td><td></td><td></td><td></td><td></td><td></td><td></td><td></td><td></td><td></td><td></td><td></td><td></td><td></td><td></td><td></td></tr>
<tr><td>6</td><td>误码率</td><td>传输标准报文无误</td><td></td><td></td><td></td><td></td><td></td><td></td><td></td><td></td><td></td><td></td><td></td><td></td><td></td><td></td><td></td></tr>
<tr><td>7</td><td>自动保护倒换功能</td><td>故障时自动倒换回路</td><td></td><td></td><td></td><td></td><td></td><td></td><td></td><td></td><td></td><td></td><td></td><td></td><td></td><td></td><td></td></tr>
<tr><td>8</td><td>安全管理功能</td><td>授权监控符合要求</td><td></td><td></td><td></td><td></td><td></td><td></td><td></td><td></td><td></td><td></td><td></td><td></td><td></td><td></td><td></td></tr>
<tr><td>9</td><td>系统设置功能</td><td>可对远端设置</td><td></td><td></td><td></td><td></td><td></td><td></td><td></td><td></td><td></td><td></td><td></td><td></td><td></td><td></td><td></td></tr>
<tr><td>10</td><td>电源中断警告</td><td>产生告警</td><td></td><td></td><td></td><td></td><td></td><td></td><td></td><td></td><td></td><td></td><td></td><td></td><td></td><td></td><td></td></tr>
<tr><td>11</td><td>故障诊断功能</td><td>对故障产生告警并记录</td><td></td><td></td><td></td><td></td><td></td><td></td><td></td><td></td><td></td><td></td><td></td><td></td><td></td><td></td><td></td></tr>
<tr><td colspan="3">合计</td><td></td><td></td><td></td><td></td><td></td><td></td><td></td><td></td><td></td><td></td><td></td><td></td><td></td><td></td><td></td></tr>
<tr><td colspan="2">外观鉴定</td><td colspan="10">1. 光传输设备和光缆配线箱安装稳固、端正，配件齐全，环境符合要求；2. 光传输设备表面完好，无伤残，标识正确清晰；3. 光缆路由位置正确，排列整齐、捆扎牢固，盘留长度适当，标识正确清晰；4. 光缆的进线与成端规范；5. 以上任一项不符合要求时，该项扣减 0.2 ~ 1 分</td><td colspan="2">减分</td><td colspan="2"></td><td rowspan="2">监理方评定意见</td><td colspan="2" rowspan="2"></td></tr>
<tr><td colspan="2">质量保证资料</td><td colspan="10"></td><td colspan="2">减分</td><td colspan="2"></td></tr>
<tr><td colspan="2">质量等级评定</td><td colspan="10">评分：</td><td colspan="7">质量等级：</td></tr>
<tr><td colspan="2">检验单位</td><td></td><td>负责人</td><td colspan="2"></td><td colspan="2">检测</td><td colspan="2"></td><td colspan="2">记录</td><td colspan="2"></td><td colspan="2">复核</td><td colspan="2"></td><td>日期</td></tr>
</table>

表 34　传感器施工分项工程质量检验评定表

<table>
<tr><td colspan="4">分项工程名称:传感器安装与施工分项工程</td><td colspan="9">所属监测系统名称:</td><td colspan="6">所属(建设)项目:</td></tr>
<tr><td colspan="2">工程部位</td><td colspan="2"></td><td colspan="3">施工单位</td><td colspan="6"></td><td colspan="3">监理单位</td><td colspan="3"></td></tr>
<tr><td rowspan="13">实测项目</td><td rowspan="2">项次</td><td rowspan="2">检查项目</td><td rowspan="2">规定值或允许偏差</td><td colspan="12">实测值或实测偏差值</td><td colspan="3">质量评定</td></tr>
<tr><td>1</td><td>2</td><td>3</td><td>4</td><td>5</td><td>6</td><td>7</td><td>8</td><td>9</td><td>10</td><td>11</td><td>12</td><td>合格率(%)</td><td>权值</td><td>得分</td></tr>
<tr><td>1</td><td>传感器安装轴线偏差</td><td>≤5°</td><td></td><td></td><td></td><td></td><td></td><td></td><td></td><td></td><td></td><td></td><td></td><td></td><td></td><td></td><td></td></tr>
<tr><td>2</td><td>光纤弯曲半径</td><td>≥5cm</td><td></td><td></td><td></td><td></td><td></td><td></td><td></td><td></td><td></td><td></td><td></td><td></td><td></td><td></td><td></td></tr>
<tr><td>3</td><td>光纤连接损耗</td><td>≤0.05dB/个</td><td></td><td></td><td></td><td></td><td></td><td></td><td></td><td></td><td></td><td></td><td></td><td></td><td></td><td></td><td></td></tr>
<tr><td>4</td><td>传感器与结构黏结</td><td>可靠黏结</td><td></td><td></td><td></td><td></td><td></td><td></td><td></td><td></td><td></td><td></td><td></td><td></td><td></td><td></td><td></td></tr>
<tr><td>5</td><td>光纤连接接头</td><td>钢管灌胶保护</td><td></td><td></td><td></td><td></td><td></td><td></td><td></td><td></td><td></td><td></td><td></td><td></td><td></td><td></td><td></td></tr>
<tr><td>6</td><td>结构表面</td><td>打磨、酒精清理</td><td></td><td></td><td></td><td></td><td></td><td></td><td></td><td></td><td></td><td></td><td></td><td></td><td></td><td></td><td></td></tr>
<tr><td>7</td><td>传感器连接线</td><td>一定的冗余度</td><td></td><td></td><td></td><td></td><td></td><td></td><td></td><td></td><td></td><td></td><td></td><td></td><td></td><td></td><td></td></tr>
<tr><td>8</td><td>传感器连接线与结构固定</td><td>可靠规定</td><td></td><td></td><td></td><td></td><td></td><td></td><td></td><td></td><td></td><td></td><td></td><td></td><td></td><td></td><td></td></tr>
<tr><td>9</td><td>传感器施工后外观</td><td>美观整洁</td><td></td><td></td><td></td><td></td><td></td><td></td><td></td><td></td><td></td><td></td><td></td><td></td><td></td><td></td><td></td></tr>
<tr><td>10</td><td>解调仪读数</td><td>数据正常</td><td></td><td></td><td></td><td></td><td></td><td></td><td></td><td></td><td></td><td></td><td></td><td></td><td></td><td></td><td></td></tr>
<tr><td colspan="3">合计</td><td></td><td></td><td></td><td></td><td></td><td></td><td></td><td></td><td></td><td></td><td></td><td></td><td></td><td></td><td></td></tr>
<tr><td colspan="2">监理方
评定意见</td><td colspan="17"></td></tr>
<tr><td colspan="2">质量等级
评定</td><td colspan="9">评分:</td><td colspan="8">质量等级:</td></tr>
<tr><td colspan="2">检验单位</td><td></td><td>负责人</td><td colspan="2"></td><td colspan="2">检测</td><td colspan="2"></td><td colspan="2">记录</td><td colspan="2"></td><td colspan="2">复核</td><td>日期</td><td colspan="2"></td></tr>
</table>

表 35　监测中心信息设备软硬件分项工程质量检定评定表(可选选项)

<table>
<tr><td colspan="4">分项工程名称:监测中心信息设备软硬件设计分项工程</td><td colspan="9">所属监测系统名称:</td><td colspan="6">所属(建设)项目:</td></tr>
<tr><td colspan="2">工程部位</td><td colspan="2"></td><td colspan="3">施工单位</td><td colspan="6"></td><td colspan="3">监理单位</td><td colspan="3"></td></tr>
<tr><td colspan="2">基本要求</td><td colspan="17">1. 系统信息设备硬件数量、型号、规格符合要求,部件完整□;2. 缆线的数量、型号、规格符合要求□;3. 布线规范、保护措施正确、走线平直整齐、固定可靠、标识清楚正确□;4. 线缆接续、连接规范□;5. 信息设备系统软件和监测系统有关软件均可正常运行□;6. 提交的资料齐全□</td></tr>
<tr><td rowspan="15">实测项目</td><td rowspan="2">项次</td><td rowspan="2">检查项目</td><td rowspan="2">规定值或允许偏差</td><td colspan="12">实测值或实测偏差值</td><td colspan="3">质量评定</td></tr>
<tr><td>1</td><td>2</td><td>3</td><td>4</td><td>5</td><td>6</td><td>7</td><td>8</td><td>9</td><td>10</td><td>11</td><td>12</td><td>合格率(%)</td><td>权值</td><td>得分</td></tr>
<tr><td>□1</td><td>电源对机壳的绝缘电阻</td><td>≥50MΩ</td><td></td><td></td><td></td><td></td><td></td><td></td><td></td><td></td><td></td><td></td><td></td><td></td><td></td><td></td><td></td></tr>
<tr><td>□2</td><td>工作接地电阻</td><td>≤4Ω</td><td></td><td></td><td></td><td></td><td></td><td></td><td></td><td></td><td></td><td></td><td></td><td></td><td></td><td></td><td></td></tr>
<tr><td>□3</td><td>保护接地电阻</td><td>≤4Ω</td><td></td><td></td><td></td><td></td><td></td><td></td><td></td><td></td><td></td><td></td><td></td><td></td><td></td><td></td><td></td></tr>
<tr><td>□4</td><td>服务器工作检查</td><td>符合设计要求</td><td></td><td></td><td></td><td></td><td></td><td></td><td></td><td></td><td></td><td></td><td></td><td></td><td></td><td></td><td></td></tr>
<tr><td>□5</td><td>磁盘阵列工作情况</td><td>符合设计要求</td><td></td><td></td><td></td><td></td><td></td><td></td><td></td><td></td><td></td><td></td><td></td><td></td><td></td><td></td><td></td></tr>
<tr><td>□6</td><td>工作站工作情况检查</td><td>符合设计要求</td><td></td><td></td><td></td><td></td><td></td><td></td><td></td><td></td><td></td><td></td><td></td><td></td><td></td><td></td><td></td></tr>
<tr><td>□7</td><td>网络传输通信检查</td><td>符合设计要求</td><td></td><td></td><td></td><td></td><td></td><td></td><td></td><td></td><td></td><td></td><td></td><td></td><td></td><td></td><td></td></tr>
<tr><td>□8</td><td>各级采集站工作情况检查</td><td>符合设计要求</td><td></td><td></td><td></td><td></td><td></td><td></td><td></td><td></td><td></td><td></td><td></td><td></td><td></td><td></td><td></td></tr>
<tr><td>□9</td><td>监测对象参数识别</td><td>符合设计要求</td><td></td><td></td><td></td><td></td><td></td><td></td><td></td><td></td><td></td><td></td><td></td><td></td><td></td><td></td><td></td></tr>
<tr><td>□10</td><td>监测对象性能评估</td><td>符合设计要求</td><td></td><td></td><td></td><td></td><td></td><td></td><td></td><td></td><td></td><td></td><td></td><td></td><td></td><td></td><td></td></tr>
<tr><td>□11</td><td>监测对象损伤识别</td><td>符合设计要求</td><td></td><td></td><td></td><td></td><td></td><td></td><td></td><td></td><td></td><td></td><td></td><td></td><td></td><td></td><td></td></tr>
<tr><td>□12</td><td>系统预警与自修复</td><td>符合设计要求</td><td></td><td></td><td></td><td></td><td></td><td></td><td></td><td></td><td></td><td></td><td></td><td></td><td></td><td></td><td></td></tr>
<tr><td colspan="3">合计</td><td></td><td></td><td></td><td></td><td></td><td></td><td></td><td></td><td></td><td></td><td></td><td></td><td></td><td></td><td></td></tr>
<tr><td colspan="2">外观鉴定</td><td colspan="10">1. 控制台、监视器墙、地图板等安装质量符合要求;2. 工作站设备安装稳固端正、外观完好、无伤残痕迹;3. 接线端子和接插座规范、标识清楚;4. 系统布线整齐、牢固美观,盘留长度适当,标识正确清晰;5. 信号线和电源线及其接插头座区分清晰;6. 以上任一项不符合要求时,该项扣减 0.2 ~ 1 分</td><td colspan="2">减分</td><td colspan="2"></td><td rowspan="2">监理方评定意见</td><td colspan="2" rowspan="2"></td></tr>
<tr><td colspan="2">质量保证资料</td><td colspan="10"></td><td colspan="2">减分</td><td colspan="2"></td></tr>
<tr><td colspan="2">质量等级评定</td><td colspan="10">评分:</td><td colspan="7">质量等级:</td></tr>
<tr><td colspan="2">检验单位</td><td colspan="2"></td><td colspan="2">负责人</td><td colspan="2"></td><td colspan="2">检测</td><td colspan="2"></td><td>记录</td><td></td><td>复核</td><td></td><td>日期</td><td colspan="2"></td></tr>
</table>

13.7.2 光路检查

逐一检查光纤传感器的所有光通道是否通畅,必要时检测光通道的光强衰减;若不通,应仔细查找断路位置,并进行标记、记录和进行连接。

13.7.3 信号检测

将所有通道的接头与解调设备连接,查看各光纤传感器的信号是否正常,如不正常,确定不正常传感器的位置,然后进行更换。

13.7.4 验收记录

逐项填写上述验收记录表。

13.8 后期检查、校准、修复及更换

13.8.1 一般规定

a) 编制光纤传感系统的检查及维护计划。
b) 定期对传感器的外观进行观察,每隔半年至一年对光纤传感器进行校准。
c) 光纤出现衰减严重或光路不同的情况,需对光纤及传感器进行修复或更换。
d) 光纤传感器的修复及更换以不影响其他传感器的正常监测为基础。

13.8.2 断裂光纤的修复

a) 应通过光纤损伤定位技术确定光损严重或断裂破坏位置。
b) 剥除断裂处两个端部的树脂涂覆层。
c) 选择光纤连接方式,熔接或机械连接。
d) 光纤切割和连接应参考本规范上述规定。
e) 对连接处进行封装和保护。
f) 对修复和更换做好记录和备案。

附 录 A
（资料性附录）
应变计算结构挠度、转角的共轭梁法

A.1 基本理论

A.1.1 在共轭梁法中规定结构（梁）是小变形，转角 θ 和挠度 y 之间的关系可简化为：

$$\theta \approx \tan\theta = y' \tag{A.1}$$

A.1.2 共轭梁法的基本原理是：通过相似原理，将实梁的曲率分布作为虚梁的荷载，求解虚梁的弯矩、剪力，其数值与原梁的挠度、转角分别相等。

A.1.3 相似原理的方程组如下：

实梁转角 $$\theta = y' = \int_0^x y''\mathrm{d}x = \int_0^x -\frac{M(x)}{EI}\mathrm{d}x + \theta_0 \tag{A.2}$$

实梁挠度 $$y = \int_0^x \left(\int_0^x y''\mathrm{d}x\right)\mathrm{d}x = \int_0^x\left(\int_0^x -\frac{M(x)}{EI}\mathrm{d}x\right)\mathrm{d}x + \theta_0 x + y_0 \tag{A.3}$$

虚梁剪力 $$\overline{M'}(x) = \overline{Q}(x) = \int_0^x \overline{q}(x)\mathrm{d}x + \overline{Q}_0 \tag{A.4}$$

虚梁弯矩 $$\overline{M}(x) = \int_0^x\left(\int_0^x \overline{q}(x)\mathrm{d}x\right)\mathrm{d}x + \overline{Q}_0 x + \overline{M}_0 \tag{A.5}$$

式中，θ_0 和 y_0 分别为实梁坐标原点（边界）处的转角和挠度；$\overline{Q}_0$ 和 $\overline{M}_0$ 分别为虚梁坐标原点（边界）处截面上的虚剪力和虚弯矩。

满足下列条件，实梁转角与虚梁剪力以及实梁挠度与虚梁弯矩在数值上等效：

a） 虚梁的荷载与实梁的曲率分布一致。

b） θ_0 与 $\overline{Q}_0$ 以及 y_0 与 $\overline{M}_0$ 分别相等。

A.1.4 构造边界条件满足 θ_0 与 $\overline{Q}_0$ 以及 y_0 与 $\overline{M}_0$ 相等的要求。采用表 A.1 中对应支座边界条件构造相应的虚梁，可满足计算要求。

表 A.1 实梁和虚梁的边界对应关系

实梁		虚梁	
支撑和端部情况	位移边界	支撑和端部情况	力边界
固定端*A*	$y_A=0$ $\theta_A=0$	自由端*A*	$\overline{M}_A=0$ $\overline{Q}_A=0$
自由端*A*	$y_A\neq0$ $\theta_A\neq0$	固定端*A*	$\overline{M}_A\neq0$ $\overline{Q}_A\neq0$
铰支端*A*	$y_A=0$ $\theta_A\neq0$	铰支端*A*	$\overline{M}_A=0$ $\overline{Q}_A\neq0$
中间铰支座*A*	$y_A=0$ $\theta_{A左}=\theta_{A右}\neq0$	中间铰*A*	$\overline{M}_A=0$ $\overline{Q_{A左}}=\overline{Q_{A右}}\neq0$
中间铰*A*	$y_{A左}=y_{A右}$ $\theta_{A左}\neq\theta_{A右}$	中间铰支座*A*	$\overline{M}_{A左}=\overline{M}_{A右}$ $\overline{Q_{A左}}\neq\overline{Q_{A右}}$

A.2 典型结构应用的公式

A.2.1 悬臂梁和简支梁的共轭梁方法计算挠度的应用步骤如下：

第一步，求解共轭梁的等效荷载。由该方法的定义可知，共轭梁的荷载数值上与实梁的曲率相等，因此，图 A.1b）和 A.2b）中的单元荷载可表示为：

$$q_i = \frac{M_i}{(EI)_i} = \frac{\bar{\varepsilon}_i}{y_i} \tag{A.6}$$

式中，M_i、$(EI)_i$、$\bar{\varepsilon}_i$ 和 y_i 分别表示原始梁的第 i 单元的弯矩均值、抗弯刚度均值、平均应变（应变）和传感器到中和轴的平均距离。

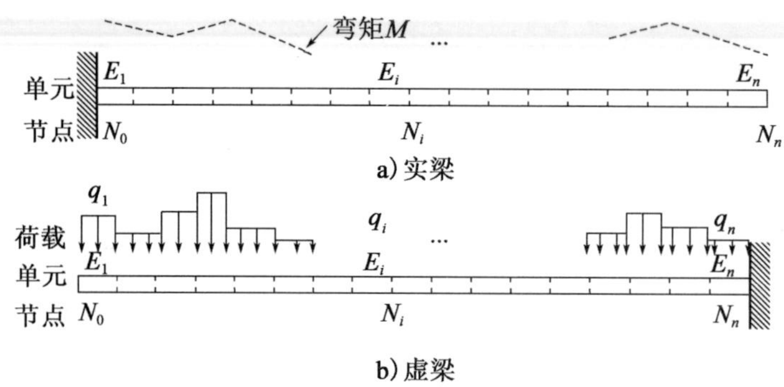

图 A.1　悬臂梁模型

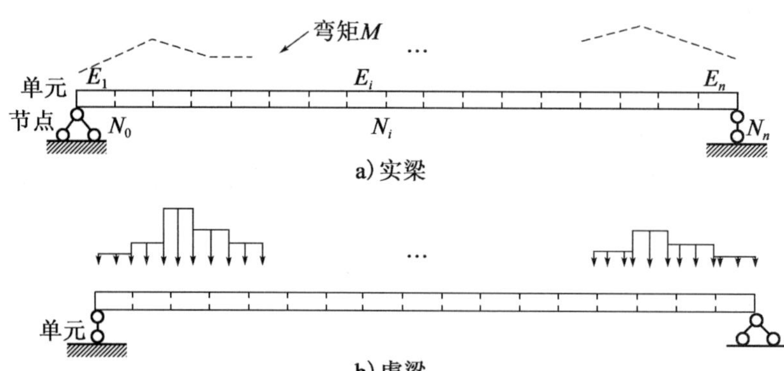

图 A.2　简支梁模型

如果是动态测试，则公式（A.6）可以表示为：

$$q_i(t) = \frac{\bar{\varepsilon}_i(t)}{y_i} \tag{A.7}$$

第二步，求解共轭梁任意节点处 N_i 的弯矩，将其数值等效成实梁的挠度分布。

悬臂梁：

$$D_i = \sum_{j=0}^{i} q_j \times l \times (i-j+0.5) \times l = \frac{\sum_{j=0}^{i} \bar{\varepsilon}_j}{y_j} \times (i-j+0.5) \times l^2 \tag{A.8}$$

简支梁：

$$D_i = \left[\sum_{j=1}^{n} q_j \times l \times (n-j+0.5) \times l\right] \times \frac{1}{n \times l} \times i \times l - \sum_{j=0}^{i} q_j \times l \times (i-j+0.5) \times l$$

$$= \sum_{j=1}^{n} \frac{\bar{\varepsilon}_j \times (n-j+0.5) \times l^2 \times i}{y_j \times n} - \frac{\sum_{j=0}^{i} \bar{\varepsilon}_j}{y_j} \times (i-j+0.5) \times l^2 \tag{A.9}$$

对于动态测试,需要将应变时程代入以上公式。

悬臂梁:

$$D_i(t) = \sum_{j=0}^{i} q_j(t) \times l \times (i-j+0.5) \times l = \frac{\sum_{j=0}^{i} \varepsilon_j(t)}{y_j} \times (i-j+0.5) \times l^2 \tag{A.10}$$

简支梁:

$$D_i = [\sum_{j=1}^{n} q_j(t) \times l \times (n-j+0.5) \times l] \times \frac{1}{n \times l} \times i \times l - \sum_{j=0}^{i} q_j(t) \times l \times (i-j+0.5) \times l$$

$$= \sum_{j=1}^{n} \frac{\overline{\varepsilon}_j(t) \times (n-j+0.5) \times l^2 \times i}{y_j \times n} - \frac{\sum_{j=0}^{i} \overline{\varepsilon}_j(t)}{y_j} \times (i-j+0.5) \times l^2 \tag{A.11}$$

A.2.2 隧道结构横向截面变形的共轭梁方法计算步骤如下:

第一步,定义截面各点的角度坐标,采用极坐标系,截面转角原点位于共轭结构右侧支座,对应的圆心角以逆时针转动为正,将圆环等分为 n 个单元,每个单元对应的圆心角均为 θ,则 $\theta = \pi/2n$。第 p 个单元中任意点 (p, λ) 对应的圆心角为 $(p-1+\lambda)\theta$,系数中的小数部分 $\lambda(0 \leqslant \lambda < 1)$ 表示该点在该单元中的位置坐标,单元中心线对应的圆心角为 $(p-1/2)\theta$。共轭梁各单元外侧受到各单元均布荷载 $q'_{r,i}(i = 1 \sim n)$ 作用。计算简图如图 A.3 所示。

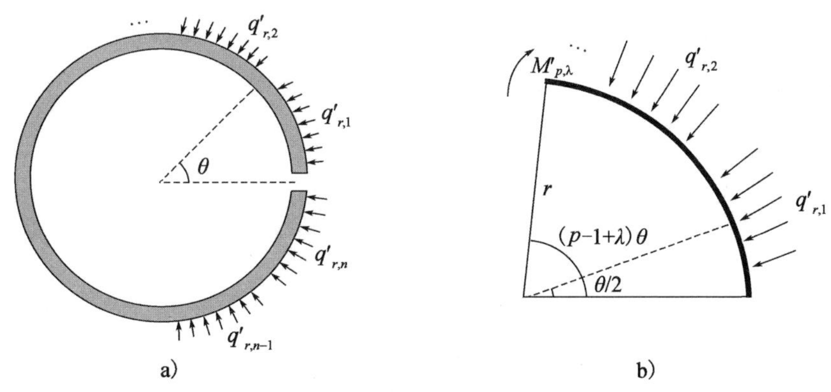

图 A.3 曲梁的共轭梁弯矩分布计算简图

第二步,计算弯矩作用下的结构变形。实际结构上任意点 (p, λ) 的相对径向位移 $v^M_{p,\lambda}$,可在共轭结构上计算该点的弯矩 $M'_{p,\lambda}$:

$$v^M_{p,\lambda} = M'_{p,\lambda} = -\theta r^2 \sum_{i=1}^{p-1} \overline{q'_{r,i}} \sin\left[\left(p+\lambda-i-\frac{1}{2}\right)\theta\right] - \theta r^2 \overline{q'_{r,p}} \lambda \sin\frac{\lambda\theta}{2} \tag{A.12}$$

第 $p-1$ 单元和第 p 单元分界点 $(p,0)$ 的相对径向位移 $v^M_{p,0}$ 为:

$$v^M_{p,0} = -\theta r^2 \sum_{i=1}^{p-1} \overline{q'_{r,i}} \sin\left[\left(p-i-\frac{1}{2}\right)\theta\right] \tag{A.13}$$

第 p 单元中点 $(p,1/2)$ 的相对径向位移 $v^M_{p,1/2}$ 为:

$$v^M_{p,1/2} = -\theta r^2 \sum_{i=1}^{p-1} \overline{q'_{r,i}} \sin[(p-i)\theta] - \frac{1}{2}\theta r^2 \overline{q'_{r,p}} \sin\frac{\theta}{4} \tag{A.14}$$

第三步,计算轴力作用下的结构变形。实际结构上任意点 (p, λ) 因轴力引起的径向变形为:

$$v^N_{p,\lambda} = v^N = -\frac{r-h/2}{n}\left\{1-\cos[(p-1+\lambda)\theta]\right\}\sum_{i=1}^{n}\overline{\varepsilon}_i \tag{A.15}$$

式中,h 为隧道壁厚;$\overline{\varepsilon}_i$ 为第 i 个单元的长标距应变。

第四步,计算截面上任意点 (p,λ) 的相对位移:

$$v_{p,\lambda} = v^M_{p,\lambda} + v^N_{p,\lambda} \tag{A.16}$$

附　录　B
（资料性附录）
分布式长标距应变模态识别损伤的方法

B.1　基本理论

B.1.1　分布式长标距测量单元应变的方式如图 B.1 所示。对于典型的欧拉-伯努利梁式结构，每个节点有 3 个自由度，即横向、竖向位移以及转角。

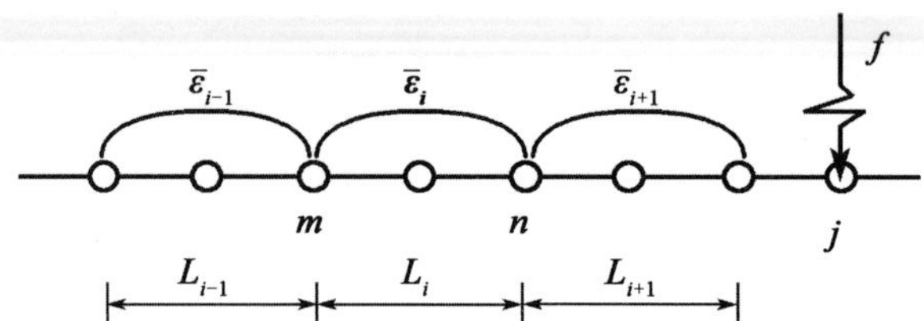

图 B.1　梁式结构的分布式应变测量

B.1.2　长标距应变与节点位移的关系为：

$$\bar{\varepsilon}_i = \frac{\bar{y}_i}{L_i}(v_{\mathrm{m}} - v_{\mathrm{n}}) = \eta_i(v_{\mathrm{m}} - v_{\mathrm{n}}) \tag{B.1}$$

式中，$\bar{\varepsilon}_i$ 为传感器的标距长度 L_i 范围内的长标距应变；v_{m} 和 v_{n} 分别为节点 m 和 n 的转角位移；$\bar{y}_i$ 为传感器标距长度内结构的平均中和轴与传感器之间的距离，$\eta_i = \bar{y}_i/L_i$。

B.1.3　长标距应变在频域内（频率 ω）的表达式为：

$$\bar{\varepsilon}_i(\omega) = \int_{-\infty}^{+\infty}\bar{\varepsilon}_i \mathrm{e}^{-i\omega t}\mathrm{d}t = \int_{-\infty}^{+\infty}\eta_i(v_m - v_n)\mathrm{e}^{-i\omega t}\mathrm{d}t$$

$$= \eta_i\left(\int_{-\infty}^{+\infty}v_m \mathrm{e}^{-i\omega t}\mathrm{d}t - \int_{-\infty}^{+\infty}v_n \mathrm{e}^{-i\omega t}\mathrm{d}t\right) = \eta_i[v_m(\omega) - v_n(\omega)] \tag{B.2}$$

B.1.4　长标距应变频响函数为：

$$H_{ij}^{\bar{\varepsilon}}(\omega) = \frac{\bar{\varepsilon}_i(\omega)}{f_j(\omega)} = \frac{\eta_i[v_m(\omega) - v_n(\omega)]}{f_j(\omega)} = \eta_i[H_{mj}^{\mathrm{d}}(\omega) - H_{nj}^{\mathrm{d}}(\omega)] \tag{B.3}$$

$$H_{mj}^{\mathrm{d}}(\omega) = \sum_{r=1}^{N}\frac{\varphi_{mr}\varphi_{jr}}{M_r(\omega_r^2 - \omega^2 + 2i\xi_r\omega_r\omega)} \tag{B.4}$$

$$\xi_r = \frac{C_r}{2M_r\omega_r} \tag{B.5}$$

$$H_{ij}^{\bar{\varepsilon}}(\omega) = \sum_{r=1}^{N}\frac{\eta_i(\varphi_{mr} - \varphi_{nr})\varphi_{jr}}{M_r(\omega_r^2 - \omega^2 + 2i\xi_r\omega_r\omega)} = \sum_{r=1}^{N}\frac{\delta_{ir}\varphi_{jr}}{M_r(\omega_r^2 - \omega^2 + 2i\xi_r\omega_r\omega)} \tag{B.6}$$

$$\delta_{ir} = \eta_i(\varphi_{mr} - \varphi_{nr}) \tag{B.7}$$

式中，$f_j(\omega)$ 为作用在节点 j 的集中荷载 f_j 的傅立叶频域变换；$H_{mj}^{d}(\omega)$ 为节点 m 处的转角频响函数；

φ_{mr}为第 r 阶位移振型模态在节点 m 处的分量；M_r、ω_r 和 ξ_r 分别为第 r 阶模态的模态质量、固有频率和阻尼比。

频响函数在第 r 阶模态的分量为：

$$ {}^{r}H_{ij}^{\bar{\varepsilon}}(\omega) = \frac{\delta_{ir}\varphi_{jr}}{M_r(\omega_r^2 - \omega^2 + 2i\xi_r\omega_r\omega)} = {}^{r}R_{ij}^{\bar{\varepsilon}}(\omega) + i \cdot {}^{r}I_{ij}^{\bar{\varepsilon}}(\omega) \tag{B.8} $$

其中，

$$ \begin{aligned} {}^{r}R_{ij}^{\bar{\varepsilon}}(\omega) &= A_{ij}^{r}\frac{\omega_r^2 - \omega^2}{(\omega_r^2 - \omega^2)^2 + (2\xi_r\omega_r\omega)^2} \\ {}^{r}I_{ij}^{\bar{\varepsilon}}(\omega) &= A_{ij}^{r}\frac{-2\xi_r\omega_r\omega}{(\omega_r^2 - \omega^2)^2 + (2\xi_r\omega_r\omega)^2} \\ A_{ij}^{r} &= \frac{\delta_{ir}\varphi_{jr}}{M_r} \end{aligned} \tag{B.9} $$

式中，${}^{r}R_{ij}^{\bar{\varepsilon}}(\omega)$和${}^{r}I_{ij}^{\bar{\varepsilon}}(\omega)$分别为实部和虚部。

频响函数${}^{r}H_{ij}^{\bar{\varepsilon}}(\omega)$的幅值和相位角依次为：

$$ |H_{ij}^{\bar{\varepsilon}}(\omega_r)| = |{}^{r}H_{ij}^{\bar{\varepsilon}}(\omega_r)| = \left|\frac{A_{ij}^{r}}{2\xi_r\omega_r^2}\right| = \left|\frac{\varphi_{jr}}{2M_r\xi_r\omega_r^2}\delta_{ir}\right| \tag{B.10} $$

$$ \phi = \arctan\frac{{}^{r}I_{ij}^{\bar{\varepsilon}}(\omega)}{{}^{r}R_{ij}^{\bar{\varepsilon}}(\omega)} = \arctan\frac{-2\xi_r\omega_r\omega}{\omega_r^2 - \omega^2} \tag{B.11} $$

式(B.10)中，对于第 r 阶频响函数的幅值矩阵的某一列，$\frac{\varphi_{jr}}{2M_r\xi_r\omega_r^2}$是常量；$\delta_{ir}$表示某一阶模态下第 i 单元的模态坐标值。

B.1.5 长标距应变模态向量(Modal Macro-Strain Vectors，MMSV)为：

$$ \{\delta_{1r},\delta_{2r},\cdots,\delta_{ir},\cdots,\delta_{Nr}\}^{\mathrm{T}} = \{\bar{\varepsilon}_1(\omega_r),\bar{\varepsilon}_2(\omega_r),\cdots,\bar{\varepsilon}_i(\omega_r),\cdots,\bar{\varepsilon}_N(\omega_r)\}^{\mathrm{T}} \tag{B.12} $$

B.1.6 长标距应变模态向量归一化：选取某个单元的模态应变作为参考，各单元的模态应变与之相除，所得的向量就是归一化的长标距应变模态向量。

$$ \{\bar{\delta}_{1r},\bar{\delta}_{2r},\cdots,\bar{\delta}_{ir},\cdots,\bar{\delta}_{Nr}\}^{\mathrm{T}} = \left\{\frac{\bar{\varepsilon}_1(\omega_r)}{\bar{\varepsilon}_r(\omega_r)},\frac{\bar{\varepsilon}_2(\omega_r)}{\bar{\varepsilon}_r(\omega_r)},\cdots,\frac{\bar{\varepsilon}_i(\omega_r)}{\bar{\varepsilon}_r(\omega_r)},\cdots,\frac{\bar{\varepsilon}_N(\omega_r)}{\bar{\varepsilon}_r(\omega_r)}\right\}^{\mathrm{T}} \tag{B.13} $$

B.1.7 在选择参考单元时，应选择损伤发生概率较小区域内的单元。

B.2 损伤识别方法

利用长标距应变模态识别损伤的流程如图 B.2 所示，其具体步骤为：

a) 选择参考传感器，要求参考传感器安装在损伤发生概率最小的位置，可选择 1～3 个参考传感器。
b) 采集并初步处理数据，获得某一次的归一化长标距模态应变信息。
c) 多次测量，通过统计分析获得描述目标特征的长标距应变模态向量。
d) 基于特征向量，实施结构损伤识别。

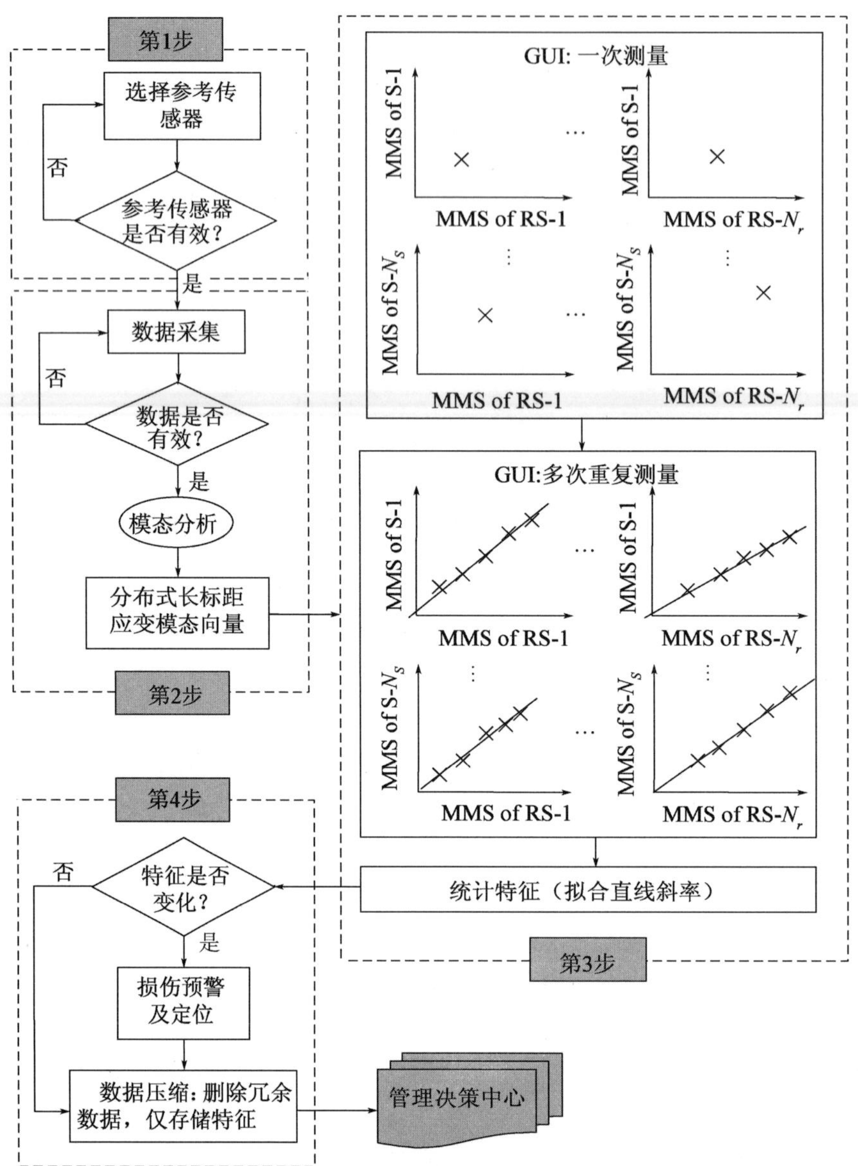

图 B.2　基于长标距应变模态向量统计数据的无模型损伤识别流程

附　录　C
（资料性附录）
数据采集工作站实施指南

C.1　施工工艺及流程

施工应按照如下顺序进行：设计控制箱（机柜）→安装控制箱→安装控制箱内设备→设备接线→检查→通电测试→固定设备。控制箱（机柜）的设计应符合国家相关设计规范，图 C.1 为典型控制箱（机柜）的设备布置分配示意图。

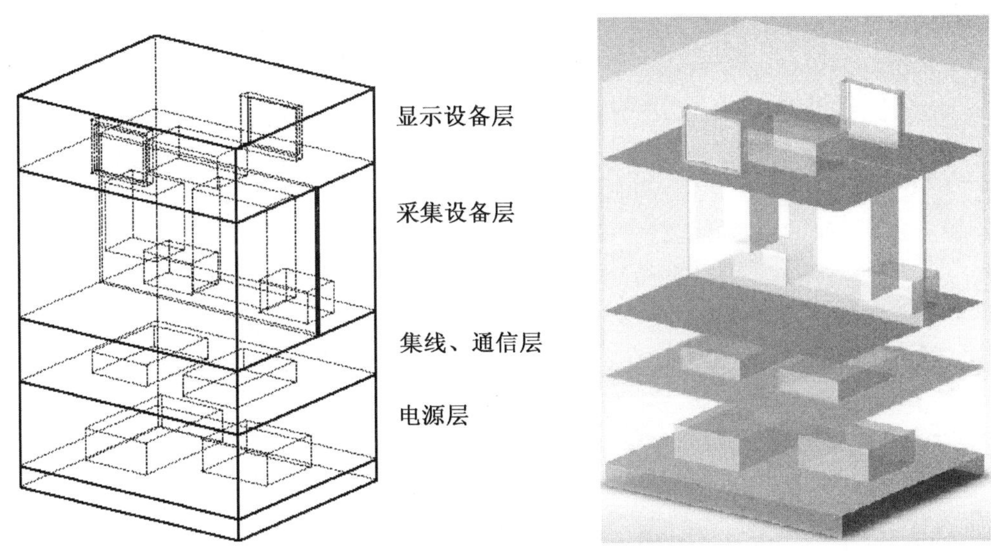

图 C.1　典型控制箱（机柜）内设备布置分配图

C.2　施工要点

C.2.1　采集设备安装要求连接件牢固可靠，设备安装后无倾斜、晃动等现象。

C.2.2　线缆路由正确、绑扎牢固、端头连接规范、标识清楚，弯曲半径和预留长度符合设计或《建筑与建筑群综合布线系统工程验收规范》（GB/T 50312—2000）的要求。

C.2.3　设备标识应清晰、完整，设备应按照层次排列，由上至下应依次为显示设备、采集站、传输网络通信交换机、供电设备。

C.2.4　完成后应有准确的信号连接关系表（图）。

C.2.5　控制箱设计选型时，应符合现场环境条件，控制箱应具备与安装场所相匹配的防护等级，控制箱应根据数据采集站的条件选用合适的设计尺寸；采集站（仪）的控制箱设计选型时，针对不同环境条件要做出相匹配的设计，一方面是控制箱设计的防护等级必须匹配控制箱的工作场所，另一方面要考虑控制箱工作场所的温度湿度等对控制箱内电气设备元件造成的影响。电气设备元件有最低与最高工作温度的要求，所以控制箱应设置温控装置，或安置于有温控设备的场所。对设置温控装置的控制箱，必须考虑密封问题。数据采集站内部设备较多时，控制箱尺寸设计必须合适。

C.2.6　控制箱固定应稳固，控制箱应良好接地。

C.2.7　控制箱内走线必须美观，强、弱电线缆应分开走线。

C.2.8　绝缘电阻、安全接地电阻、防雷接地电阻应符合验收规范。

C.2.9 应按照设计图纸进行设备布局；应遵守电气设备安装相关规范。设计设备布局时，要力求美观合理，且应符合《建筑与建筑群综合布线系统工程验收规范》（GB/T 50312—2000）、《电气装置安装工程 电气设备交接试验标准》（GB 50150—2006）、《电气装置安装工程 接地装置施工及验收规范》（GB 50169—2006）及其他相关电气设备安装规范中的要求。

C.2.10 安装完成后应进行调试，确认控制箱各软硬件工作正常。

C.3 施工注意事项及应对措施

C.3.1 数据采集站应由控制箱（机柜）、UPS（不间断电源）、温控设备（满足设备工作温度条件）、信号调理器、数据采集设备组成。应安装整齐、线路摆放整洁、各设备的标识清楚、规范，温控设备安装稳定可靠。

C.3.2 数据采集站设置的场所应满足相关国家标准，应具有良好通风、防尘功能，避免设备工作温度过高和过低；对场所条件达不到上述条件，而根据桥梁结构健康监测系统的需求必须在此处设置数据采集站的情况，应对数据采集站进行特定环境条件的针对性设计，保证采集站正常工作。数据采集站设计的总体尺寸应适应安置场所，按照图纸进行定制。数据采集场所（处所）用于安置数据采集站或者数据采集子站、避雷隔离器、UPS（不间断电源）、光路交换机等，为了保证电子元器件的正常工作，防止温度过低和过高，应在数据采集场所（处所）或各个数据采集机柜内部安装在 -10℃ ~70℃ 范围内能稳定工作的温控（空调）系统。

C.3.3 用于连接桥梁不同区域和不同位置的光纤传感器的线缆，施工时要采取相应安全措施，按国家有关规范实施安装技术和工艺，线缆应配备防护套，接头连接可靠，线扎整齐、美观。

C.3.4 数据采集终端应根据条件灵活设计，对数据采集终端不能放置在固定场所的情况，也可以采用便携式数据采集终端。对应不同终端应开发不同的采集软件；数据采集站的施工工程如包含若干分项目工程，应在各分项目工程施工完成时进行分项目工程的测试和验收。

附　录　D
(资料性附录)
数据传输系统实施指南

D.1　线缆用管道的施工、布设工程

D.1.1　材料要求

a) 钢筋、混凝土、砂浆、预制构件和混凝土拌制材料应符合《公路工程标准施工招标文件》(2009年版)(以下简称“招标文件”)的要求。
b) 预埋通信线缆管道和供电电缆管道材料应符合图纸要求,并符合国家有关标准和规定。
c) 回填材料及填缝料应符合图纸要求。
d) 接地系统所用材料应符合图纸的要求。
e) 机制砖应符合《烧结普通砖》(GB/T 5101)的规定。

D.1.2　施工要求

a) 手井的施工要求如下:
   1) 手井及井盖的施工应符合图纸及“招标文件”的有关要求。
   2) 手井壁上预留管道口的尺寸应符合国家邮电部门有关规范的规定。
   3) 手井砖砌圬工应参照“招标文件”的有关规定实施。
   4) 在强度未达设计等级前不准回填。
   5) 所有接缝封闭防水处理应符合《通信管道工程施工及验收技术规范》(YD 5103—2003)的要求。
b) 管道工程的施工要求如下:
   1) 管道沟(坑)的挖掘、回填和多余材料的处理应按照“招标文件”的有关要求实施。
   2) 管道工程应按照设计图纸施工,应根据《通信管道工程施工及验收技术规范》(YD 5103—2003)和《长途通信光缆塑料管道工程验收规范》(YD 5043—2005)的要求实施。
   3) 管道布设的线形应顺适,手井之间的管道应无低凹处,管节之间的连接角度应不大于5°。封闭接缝的防水按《通信管道工程施工及验收技术规范》(YD 5103—2003)实施。管道布设后,其端头应用封头堵塞,防止异物进入管孔。
   4) 所有横穿管道应布设在底基层的下面。
   5) 管道内的牵引线应按照监理方所批准的方法,在符合相关规范的前提下,装入每一条管孔内,应牢靠固定在每条管道终点或坑内,防止牵引线被拉入管道内,牵引线应采用一定强度的镀锌钢丝。
   6) 管道工程布设完成时,应按我国邮电部门的相关规定做拉棒检验,保证管道工程的施工质量。
c) 接地系统工程的施工要求如下:
   1) 数据传输系统的接地系统应按设计图纸布设,隐蔽部分应在覆盖前及时做好中间测试、检查与验收。施工技术应符合《电气装置安装工程接地装置施工及验收规范》(GB 50169—2006)的有关规定。
   2) 接地系统应严格按照有关规范的规定和设计图纸施工,不得任意连接或断开。接地引线的数量不得任意改变或减少。

3） 接地系统的所有焊接应牢固、无虚焊，接地引线应防止发生机械操作和化学腐蚀。接地引线和接地电极均应镀锌处理，接地电阻应符合我国有关规范规定和设计图纸要求。

D.2 线缆布设、续接工程

a） 数据采集站之间、数据采集站与控制中心之间，在条件允许的前提下，应采用光纤环网网络连接，并应使用单模光纤按照普通通信光缆的有关规范和工艺要求来布设。数据采集站没有子站时，也称为"外站"。数据采集站之间的传输连接，既包括数据外站与外站之间的连接，也包括数据采集外站和采集子站之间的连接。采集站之间，采集站和控制中心之间有多种数据传输方式，如同步技术传输、有线连接、无线连接等方式。从数据传输可靠性和质量要求出发，在条件允许的前提下，应优先采用光纤环网网络连接，并优先采用单模光纤进行布设。在条件不允许的情形中，才应寻求其他的传输方式和线缆方案。线缆布设应根据实际需求确定是否安装桥架，并按照设计图要求进行材料采购和施工。在光缆的布设施工中，应注意光缆的熔接质量，且光缆不能过度弯折。光缆布设施工完成后，还应使用专用光缆检测设备对线路进行测试，性能参数完全达到要求时，工程才能合格。同样当采集站之间、采集站与控制中心之间选用其他方式连接时，也应依据国家相关规范进行施工。

b） 光纤传感器信号线缆和供电线缆的布设，应按照设计图要求，并符合有关技术标准和工艺要求，应按如下措施进行：

1） 信号线缆和供电线缆应选用优质线缆。信号线缆的通道率应符合相关规范的规定，应有良好的屏蔽层和外保护层，应能适应高温、严寒、雨雪、腐蚀、干扰等恶劣工作条件。

2） 布设施工中，应首先设置线缆的桥架、线槽或护套等外保护。

3） 线缆的包扎、固定应可靠。

4） 每根线缆的接头处应有标识（数码圈或数码标签，便于安装设备、调试和维修工作）。

c） 线缆桥架的安装工程，其施工注意事项和措施如下：

1） 应设计完善详尽的线缆桥架施工方案，应确定桥架的具体类型和规格、安装的线路和线路长度等。

2） 应选择向具有工程资质的专业桥架生产企业采购工程需要的线缆桥架及其附件。

3） 根据业主和监理方认可的施工方案和工艺，按照国家相关规范的要求组织施工。

D.3 网络通信设备的安装与调试工程

a） 一般要求如下：

1） 在光纤传感结构健康监测系统设计中，光纤传感器和光缆拥有同样的基体，且光纤线缆通信具有串扰小、速度高、丢帧率低的特点，因此传感器之间、传感器和采集站之间最可靠和高效的连接介质是光纤线缆，使用光缆进行通信传输的技术较为成熟可靠。国家已出台多部相关的技术规范，在配套产品上，光纤传感器和基于光缆的网络通信传输有较丰富的选择，因此一般只要条件允许，都应优先采用光缆通信作为网络通信的基本方案。建议是在临时场合、数据质量要求不高的场合、线缆布设条件不足的场合和被监测系统有特别要求的场合下，才考虑选择如同步技术传输通信或无线网络通信。

2） 本规范的施工指南重点是光缆传输的网络通信设备的实施，其他网络通信方式的实施指南可参考本规范并按照国家其他相关规范要求进行，如：《综合布线系统工程施工监理暂行规定》（YD 5124—2005）、《无线通信系统室内覆盖工程设计规范》（YD/T 5120—2015）、《综合布线系统工程设计规范》（GB/T 50311—2007）和《通信局（站）防雷与接地工程设计规范》（YD 5098—2005）等。

b） 网络通信系统应采取如下措施保证工程质量：

1） 应生产或选用与安装条件相适应的桥架，配置符合相关规范要求的光缆续接盒。
2） 应任用专业人员完成光纤熔接工作，保证光纤熔接可靠。
3） 光纤接口应连接牢固可靠。
4） 应保证施工中网线 RJ45 接头的压制质量，条件允许时应采用有资质的企业所成套生产的光缆和网线，应减少施工人员自制网线接头的次数。
5） 应根据网络要求配置好交换机内部固件或软件。
6） 网络通信设备施工完成时应进行全面网络测试，应保证网络传输正常，还应通过测试了解到网络某点发生故障时，网络的预警能力、自修复能力和时间。

c） 数据采集与传输软件，应根据数据采集和传输需要，选择安装在各采集单元（终端）或控制中心的计算机服务器、工作站内。软件还应对桥梁结构不同区域、不同位置和完成不同项目监测的光传感器进行针对性的设计。数据采集与传输软件应根据需求，灵活设置其运行方式。数据采集软件和数据传输软件，既可以设计运行在同一终端，也可以设计成在不同终端运行。有些场合网络条件较好，在控制中心预留有性能强大的计算机服务器、工作站，且控制中心有专人负责总体观测和运维，则可将数据采集和传输软件设计在控制中心的计算机站中以便于集中操作；而有些场合，各传感器的采集单元采集的数据量较大，网络传输质量却很低，且控制中心不具备高性能的计算机服务器、工作站，则应在各采集单元（终端）设计有数据采集和传输软件，各单元独立将自身采集数据先行计算分拣后再进行传输，将匹配网络通信条件的有用数据传给控制中心以减轻通信系统的负担。数据采集和传输软件还应对桥梁结构不同区域、不同位置和完成不同项目监测的光传感器进行针对性的设计，比如桥梁某些区域无法布设光缆故采用无线通信方式组网，数据采集单元应设计对应无线通信的传输软件，而在其他有光缆通信条件的区域，根据可靠性原则应采用光缆有线通信传输方式，此时数据采集单元应设计对应有线光缆通信的传输软件。有些软件甚至要在通信设备安装过程中依据现场条件临时进行编写。

d） 数据采集与传输软件在通信设备施工时应进行相应的配置，至少应采取如下措施：
1） 连续采集、实时采集的数据应同时存储在本地数据采集单元（终端）和控制中心的计算机服务器、工作站（数据管理与控制系统）内。
2） 对采集数据进行信号分析处理有实时性要求的情形，应采用直接采集、直接存储的方式。
3） 振动、线形等信号应采用在桥梁结构的不同区域、不同位置进行同步采集的方式，并采用服务器统一命令的控制方式。

e） 数据采集与传输软件在整个结构健康监测系统中十分关键，采集的数据为结构状态的分析提供直接依据，因此软件精确度、运行速度、传输质量、数据库设置、数据文件存取格式等都有严格的要求。此外，为保证数据采集和传输的可靠性、实时性及同步性，软件也应采取大量的有效措施。

本规范用词说明

1　为便于在执行本标准条文时区别对待,对要求严格程度不同的用词说明如下:

1）　表示很严格,非这样做不可的用词:

正面词采用“必须”“须”,反面词采用“严禁”;

2）　表示严格,在正常情况下均应这样做的用词:

正面词采用“应”,反面词采用“不应”或“不得”;

3）　表示允许稍有选择,在条件许可时首先应这样做的用词:

正面词采用“宜”,反面词采用“不宜”;

4）　表示有选择,在一定条件下可以这样做的用词,采用“可”。

2　本规范条文中指明应按其他有关标准、规范执行的写法为:“应符合……的规定”或“应按……执行”。

附件

江苏省地方标准

《光纤传感式桥隧结构健康监测系统设计、施工及维护规范》

条 文 说 明

《光纤传感式桥隧结构健康监测系统设计、施工及维护规范》
条 文 说 明

3 术语与定义

本章仅将本规范出现的、比较生疏的术语列出。术语的解释,其中有部分是行业公认的,大部分是概括性的含义。术语的英文名称不是标准化名称,仅供引用时参考。

5 总则

本章规定了制定本规范的目的和使用范围,以及光纤传感技术在交通基础设施健康监测工作中的主要内容和基本技术。

5.1.1 本条说明了制定本规范的目的。从20世纪90年代提出结构健康监测概念开始,光纤作为先进的传感技术在交通、土木等工程领域引起了高度重视,光纤传感技术在美国、加拿大、日本等发达国家得到了越来越广泛的应用;近年来,光纤传感技术在交通基础设施中应用越来越多,如江苏省的江阴大桥、苏通大桥主航道桥等。由于现代交通朝着重载、高速化方向发展,频繁承载和超载,加上自然环境与各种灾害的侵袭,以及交通事故等人为环境的影响,使得交通基础设施材料逐渐老化,结构发生损伤甚至可能出现灾难性的破坏,并且随着使用年限的增长,桥梁损伤逐渐增多,其程度也将越来越严重,运营过程中面临的安全问题也变得更加严峻。因而,必须进一步重视交通基础设施的健康和安全监测、养护与管理,从而提高交通基础设施运营及管养的智能化与科学化。

5.1.2 本条说明了本规范的使用范围,光纤传感技术可广泛应用于各类桥梁、隧道工程结构,也可用于道路、路基及边坡等,既可以用于短期检测也可以用于长期健康监测。

5.1.3 本条规定了适合用于交通工程结构的光纤传感技术,目前基于不同测试原理的光纤传感技术可以分为很多类别,其中多类新技术目前仍处于研发和试应用阶段。

5.1.4 本条说明了系统设计应遵循的准则,强调交通基础设施整个寿命周期的监测理念可以根据需要设计或选用不同类型的健康监测系统。

5.1.5 本条列举了桥隧工程结构健康监测系统应满足的要求,首先应满足用户的需求,其次是技术安全可靠和维护方便。

5.1.6 本条说明了光纤传感元器件的可维护性和耐久性,传感器硬件系统的耐久性是结构健康监测系统的软肋,在交通基础设施所处的恶劣野外环境下(紫外线、冻融、雨淋、疲劳作用等),传感元器件的耐久性和长期性能非常重要。

6 基于光纤传感的结构健康监测系统设计

6.1 一般规定

6.1.1 基于光纤传感的交通基础设施结构健康监测系统的设计应坚持长远规划的原则,结合交通基础设施结构的具体特点和场地条件,要根据结构物所处的环境、地理位置和地质条件、使用功能及重要性、结构类型、受力特点来确定监测目的、监测内容、监测频率和持续时间。应做到目的明确,有的放矢、安全可靠、方案可行、技术先进、经济合理和便于维护。

6.1.2~6.1.4 基于光纤传感的交通基础设施结构健康监测系统的硬件应有良好的保护措施和可维

护性,并能保证设计使用寿命。特别是传感器及传输线缆应有适当的保护措施以避免遭到人为或环境的破坏。除特殊位置的传感器外,大部分重要的传感器、所有的数据子站和数据总站宜考虑到后期维护的可行性,方便维护人员检查。监测系统的使用寿命应以能达到监测目的为标准。施工监测系统宜贯穿整个施工期间;长期监测系统宜与施工监测系统(若有)有良好的过渡衔接。基于光纤传感的结构健康监测系统设计,各种传感器的性能指标要与监测目的和监测要求相匹配,严禁采用性能达不到监测要求的产品,也不宜采用高于监测要求太多的产品。各种硬件之间也要尽量相互匹配,避免资源浪费。实际使用过程中部分硬件可能不正常工作甚至损坏,因此对关键参数的监测或特别重要部位的监测,应配备多个同类型的设备或多种不同类型的设备,避免出现重要的监测数据质量不高或丢失现象。监测系统硬件的布置宜有适宜的冗余度,宜采用标准产品。基于光纤传感的结构健康监测系统软件应与硬件相匹配,且具有兼容性、可扩展性、易维护性和良好的用户使用性能。

6.1.5 根据不同外部荷载形式(静载测试、锤击激励测试、环境振动激励测试、移动荷载激励下测试等),选择数据采集的方式(静态监测、动态监测)及结构性能评价指标。

6.1.7 长期监测指在较长时间跨度内(一般≥10 年)对结构性能指标参数进行监测和识别;短期监测指在某一特定时间跨度内对结构的性能指标参数进行监测和识别(如施工监测)。

6.2 监测内容

a) 应根据交通基础设施的监测目的、监测目标、结构性能评估指标,合理选择监测内容。基于光纤传感技术的结构健康监测系统的总体目标是通过直接或间接监测结构的局部和整体参数来综合评价结构的各种性能(使用性能、安全性能、耐久性能、抗震性能)。

b) 对于安全性能,承载力、抗疲劳、连续倒塌、延性、稳定性是反映结构安全性能的指标,需要监测的指标如位移、变形、刚度、应力、活荷载、材料物理特性、截面构成等。

c) 对于使用性能来说,通行性和舒适度是反映结构使用性能的指标,需要监测的指标如位移、变形、转角、裂缝、应力、自振频率等。

d) 对于耐久性能来说,各种能反映耐久性的长期性能指标,如钢构件及钢筋腐蚀、混凝土碳化、裂缝、位移、应力等需要监测。

e) 对于抗震性能来说,延性和耗能是反映结构抗震性能的指标,需要监测的指标,如位移、变形、转角、刚度、应力、活荷载、自振频率、阻尼等。

f) 监测的目的和功能包括但不限于:

   1) 验证结构设计、分析、试验时的假定和所采用的参数。
   2) 提高结构在施工过程中的安全性并使施工后的结构尽可能符合设计要求。
   3) 在结构状态存在安全隐患时及时提供预警,并为结构的日常保养和管理提供建议。
   4) 当发生意外或灾害后,为结构状态评估和处理提供实际数据。
   5) 为新方法、新技术的发展及应用提供建议。

6.3 系统功能设计

a) 在健康监测系统设计中,数据采集及传输子系统宜集成到数据采集软件中完成;结构状态参数及损伤识别子系统、结构性能评估子系统宜集成到结构健康分析软件中完成。

b) 结构健康监测分析软件应是整个系统软件的核心部分,应满足结构健康监测智能化、实时化、自动化和网络化的要求。软件应提供如下功能:

   1) 对结构材料参数、几何参数、传感器参数进行配置并能显示传感器的布置图。
   2) 对采集软件所采集的数据进行降噪和滤波等预处理。
   3) 对结构状态参数进行识别,计算结构损伤识别指标,对结构进行损伤定位和损伤定量。
   4) 根据结构参数识别结果和损伤识别结果对结构进行性能评估。

6.4 系统构建

应根据监测系统功能和监测系统类别进行各系统集成,各子系统集成可参考附图 1 进行设计。

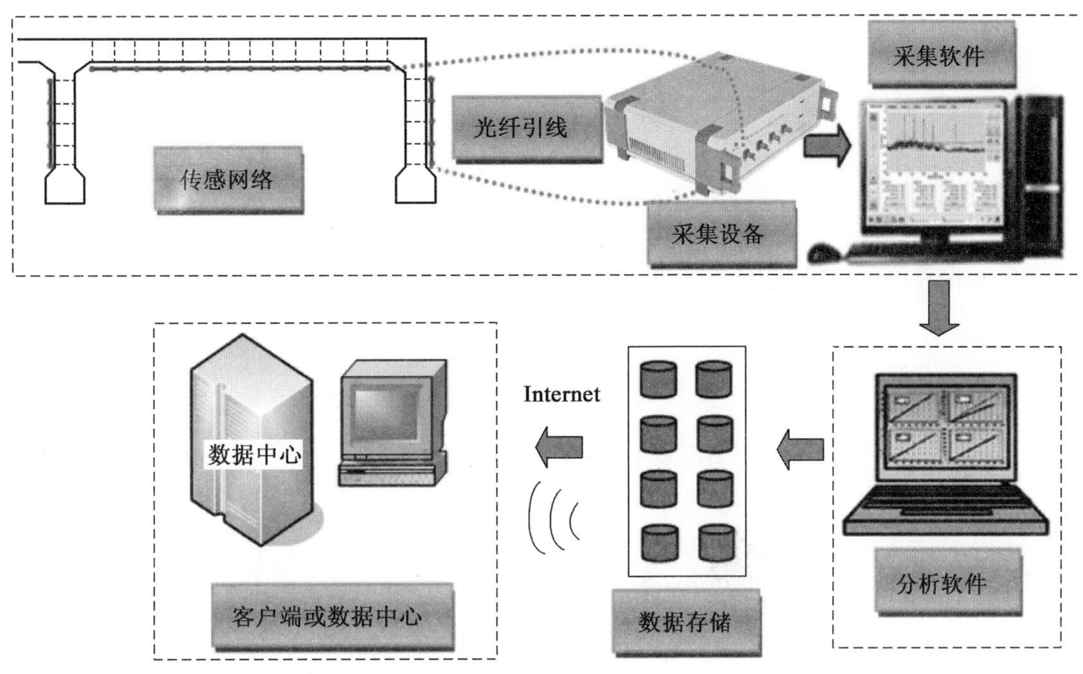

附图 1 各子系统集成设计图

7 光纤传感技术

7.1 一般规定

a) 本规范中的传感技术包括光纤传感器及其数据采集解调装置,规定了光纤传感技术的传感性能、施工性、耐久性及其他性能。

b) 对于基于布里渊散射的分布式光纤传感技术,分辨率有两个方面的含义:一是分布式光纤传感器可测量的输入信号的最小变化量;二是空间分辨率,即所能分辨的最小空间距离。

c) 光纤及光纤传感器重量轻,安装比较方便,但光纤一般比较脆弱,需要有良好的保护。连接与信号传输用光纤尽量能采用铠装光缆,同时光纤传感系统应有良好的后期维护性能。

d) 光纤的模数越大,光纤的光强度损耗和色散越大。

e) 对用于长期结构健康监测的光纤传感系统,通常需要有优良的长期性能;也可以根据用户需求以及现有技术现状设计传感的寿命;交通工程结构通常在振动和疲劳的环境下工作,因而有必要对光纤传感器的抗疲劳性能进行规定,一般应不小于 2×10^6 次;交通工程结构一般处于野外,需要有良好的抗紫外线老化、抗冻融、抗湿热老化及特殊环境下的抗酸碱盐侵蚀等性能。对于短期的监测,传感元器件的寿命可根据实际需要和工况条件选择和设计。

7.2 点式光纤传感技术

7.2.1 一般规定

a) 点式传感器一般是指常规的 FBG 传感器、电阻应变片等传感器,标距长度一般小于 10cm,只能反映结构的局部应变变化，如附图 2a）所示；此外，可以将点式 FBG 传感器用一根光纤串联起来实现准分布测量，如附图 2b）所示。这样，一根光纤可以实现多个 FBG 传感器的测量，相对于电阻式应变片等传感器，布线非常方便。

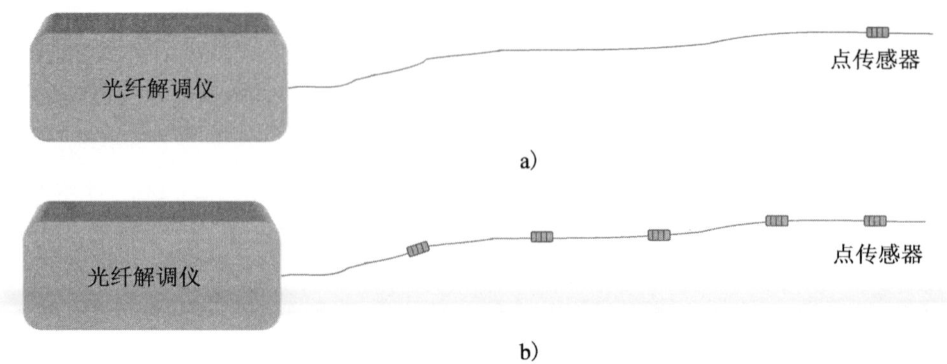

附图 2　点式光纤传感器及点式传感器准分布布设

b）点式准分布。将点式传感器按照特定的密度分布布设在结构的适当位置，并用一根或一组光纤串联。

c）由于光纤传感技术是近年来研发的新型传感技术，部分产品仍处于研发状态，因而本规范只对成熟性高的 FBG 和外腔式 Fabry-Perot 干涉型光纤传感技术进行规范。

7.2.2　光纤光栅（FBG）传感器

a）根据 FBG 的传感原理，由于其同时对应变和温度敏感，应变测量时需对温度进行补偿。应变、温度与中心波长的变化应按式（1）计算：

$$\Delta\lambda_b = (1 - P_\varepsilon) \cdot \Delta\varepsilon \cdot \lambda_b + (\alpha_f + \xi) \cdot \Delta T \tag{1}$$

式中：$\Delta\lambda_b$——反射光中心波长变化量；

λ_b——中心波长；

$\Delta\varepsilon$、ΔT——应变、温度变化量；

P_ε、α_f、ξ——光纤的有效弹光系数、热膨胀系数、热光系数。

b）FBG 的测量精度比较高，但经过刻写光栅后，光纤的强度、抗冲击性、耐久性等有不同程度的降低，因而需对其封装保护，提高传感器的力学性能。封装结构不仅需要对其进行力学性能的保护和升级，同时还需要提高其耐久性。而且，封装后 FBG 传感器的传感性能不应低于封装前 FBG 传感器的传感性能。

c）封装保护。封装材料可以采用 FRP 复合材料封装，也可采用不锈钢以及其他一些高耐久封装结构形式，封装结构对 FBG 的传感性能不应产生负影响。

d）法兰连接比较方便，易于装拆，但光损较大。为保障有足够的光强，法兰数量一般不能多，应严格控制光强度的衰减；热熔接时，连接比较复杂且熔接处易脆断，但光损比较小，同一根光纤上可以串联多个传感器。当多个 FBG 传感器串联时，应先设计好各传感器的中心波长、测量范围及数量。

e）点式 FBG 传感器适合检测均质结构，同时可以根据结构的应变分布，采用共轭梁等方法获得结构的挠度。

f）FBG 光纤传感器可以用一根光纤串联起来进行分布式测量，串联传感器的数量由传感器的测量范围、解调仪的波长范围以及连接损耗等因素决定。

g）目前，光纤光栅解调设备种类多，一般需满足附表 1 所示性能。

附表 1　光纤光栅解调仪性能指标

光 学 指 标			
光学通道数	1 ~ 128	波长变化范围	≥40nm
稳定性	5pm	重复性	2pm
应变精度	高于 ±5.0με	温度精度	高于 ±1.5℃
动态范围	大于 25dB	扫描频率	1Hz ~ 1 000Hz
光学接头	FC/APC		
电 器 特 性			
电源供应	7VDC ~ 36VDC(含 100VAC ~ 240VAC)		
数据传输接口	以太网、USB 等		
功率	35W ~ 50W		
机 械 特 性			
工作温度	-20℃ ~ 50℃	工作湿度	<80(无凝结)
储存温度	-20℃ ~ 60℃	储存湿度	<95%(无凝结)

7.2.3　珐珀(Fabri-Perot:F-P)光纤传感器

a) F-P 光纤传感器性能特征如下:
   1) 传感性能对 F-P 传感器的结构依赖性高,具有温度自补偿功能。
   2) F-P 传感器对温度敏感性较低,因而校准频次和要求相对较低。
   3) 传感器之间不能进行串联,只能进行单点测量。

b) F-P 光纤传感器是一种典型的点式传感器,具有较高的测量精度,但测量相对复杂;一般的外腔式 F-P 干涉型光纤传感器典型结构如附图 3 所示,两根光纤间设置一个 F-P 腔。

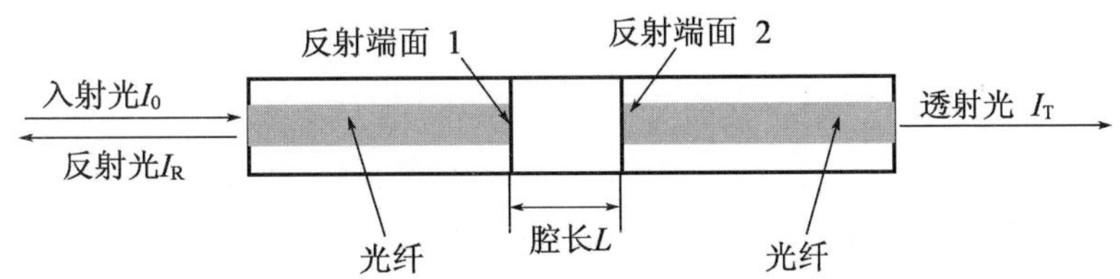

附图 3　点式 F-P 光纤传感器结构图

c) F-P 光纤传感器不宜进行多点分布式测量,只能进行单点的点式测量,因而在实际工程应用中具有较大的局限性,不能通过 F-P 光纤传感技术及共轭梁法获得结构的挠度。

7.2.4　光纤光栅加速度传感器

光纤加速度计与通常加速度计的结构类似,内部用弹簧支撑一重物,当其有加速度时便会产生向心力,通过用光纤传感器测出重物不同位置的光纤波长或其他物理量变化,得到光纤的拉伸及压缩应变,从而得到其加速度值。

7.3　基于布里渊散射的分布光纤传感技术

7.3.1　一般规定

a) 基于光时域散射(OTDR)的分布式光纤传感技术为分布式光纤传感技术中的重要一类,激光光源发出的光脉冲沿光纤传输，大部分光向前传输，但一小部分散射光会沿光纤后散射，光纤既可感知信号又可传输信号，而且可探测几十公里内沿光纤所有位置的被测表面的物理参数（应变或温度等）。

b） 相对于 FBG 传感技术，基于时域散射的分布式光纤传感的应变测量精度较低；不同的测量原理及装备，测量精度差异显著，比较适合大范围的半定性半定量测量。

c） 空间分辨率是基于光时域散射分布式光纤传感技术的重要参数，由于其不同的传感原理，其空间分辨率差异大，通常在 10cm ~ 100cm 范围内变化。

d） 连续性分布测量，以获得沿所布设于结构的光纤上每个点附近空间分辨率长度范围内所对应的等效物理量，如附图 4 所示。

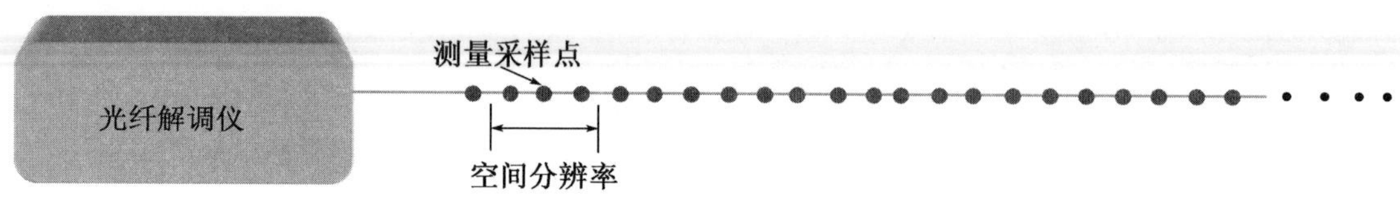

附图 4　基于布里渊散射的分布光纤传感技术

e） 目前，基于布里渊散射的解调设备一般需满足附表 2 所示性能。

附表 2　布里渊散射分布光纤传感技术解调仪性能指标

光 学 指 标			
传感构造	两根光纤（回路）或单根光纤（反射镜）		
测量距离	≥2.0km		
传感光纤	标准单模光纤		
空间分辨率	10cm ~ 100cm		
应变分辨率	10με ~ 20με		
应变测量精度	±（15 ~ 100）με　数值应模糊		
应变范围	±1.0%		
温度分辨率	0.1℃ ~ 1.0℃		
温度测量精度	0.5℃ ~ 1.0℃		
温度范围	－200℃ ~ 700℃（取决测温光纤）		
布里渊频移分辨率	高于 0.1MHz		
布里渊频移范围	10GHz ~ 13GHz		
采样时间	数赫兹 ~ 数十分钟/次		
动态范围	不小于 10dB		
光学接头	FC/APC		
环 境 要 求			
工作温度	0 ~ 40℃	工作湿度	<80%（无凝结）
储存温度	－10℃ ~ 60℃	储存湿度	<95%（无凝结）

7.3.2　BOTDR 分布式光纤传感技术

a） BOTDR 测量中产生的布里渊散射属于自发散射，在其测量系统中，向光纤的输入端输入一个激光脉冲，然后在输入端检测布里渊散射光，发出脉冲和接收到布里渊散射光之间的时间差可以提供位置信息，而散射光强度的变化可以提供光纤的衰减信息。

b） 应变的测量原理如下，光纤所受到的应变 ε 通过布里渊频率的漂移，由公式(2)得到，该公式适合 BOTDA 及 PPP－BOTDA 等基于布里渊传感的光纤传感技术：

$$\nu_B(\varepsilon) = \nu_B(0)(1 + C\varepsilon) \tag{2}$$

c） BOTDR 为基于光时域散射分布式光纤传感技术中常用的一种传感技术，不需要构成测量回路，测量相对简单，应变测量度为 ±(50～100)$\mu\varepsilon$，空间分辨率为 1.0m。

d） 测量速度较慢，每次测量数分钟至数十分钟，根据测量的长度变化而异。

7.3.3 BOTDA 分布式光纤传感技术

a） BOTDA 传感原理类似于 BOTDR，不同点是 BOTDA 基于受激布理渊散射原理，测量时脉冲光和连续探测激光从光纤的两头注入；当单模光纤中传播的光功率大于布里渊的极限功率，后向的受激布里渊散射(SBS)就将产生；适合便于构成回路和应变测量精度要求较高的工况。

b） 相对于 BOTDR 光纤传感技术，其应变测量精度和测量速度得到一定程度的改善。

7.3.4 PPP-BOTDA 分布式光纤传感器

a） 该传感技术属于 BOTDA 分布式光纤传感中的一种，改变了传统的脉冲光波形，在测量短脉冲光之前，利用预泵浦脉冲光(Pre-Pump Pulse)来激发光纤中的声波。

b） 相对于 BOTDR 技术，应变测量精度和空间分辨率得到了大幅的提升，应变测量精度达 ±15$\mu\varepsilon$，空间分辨率约为 10cm。

c） 测量速度获得了大幅提升，达到数十赫兹至数分钟/次，可以实现局部范围内的动态测量。

7.4 长标距光纤传感技术

7.4.1 一般规定

a） 由于多数交通工程结构体量大且为混凝土结构，“以应变传感器为代表的局部传感技术”测量范围过小且不易分布，很难对混凝土的应变进行准确测量。开裂时若传感器在裂缝处则传感器随裂缝同时破坏；若偏离损伤部位，则很难准确测出应变大小，甚至可能由于混凝土应变重分布出现应变减小效应。另外，“以加速度传感器为代表的整体传感技术”又太宏观，监测数据与损伤相关性弱，传统的点式加速度传感器只能反映结构的整体性能变化，不能反映结构的局部损伤。所以，对于混凝土结构需要一定的标距长度才能有效地反映结构的应变、局部损伤和整体性能。长标距传感器如附图 5a)所示，可以测量一定标距范围内的等效(平均)应变；同时，也可以将多个长标距传感器串联起来进行分布式监测，如附图 5b)所示。

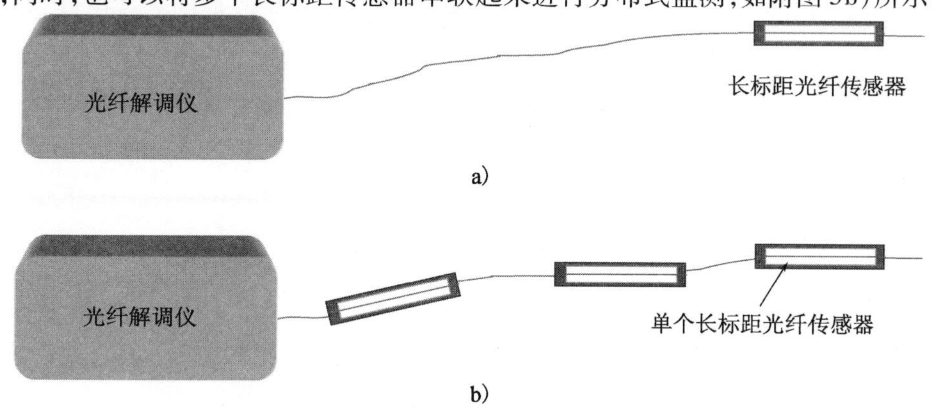

附图 5 长标距传感器及长标距准分布布设

b) 尽管将一般的传感器加延长杆,并将两端固定在结构上也可以临时起到长标距传感器的作用,但并非真正意义的长标距传感器;长标距传感器无论怎么安装都能在传感标距内形成稳定的均匀应变场,且具有长期的测量稳定性。

7.4.2 长标距 FBG 传感器

a) FBG 传感器的长标距化封装材料种类很多,如纤维复合材料(FRP)、不锈钢、树脂或橡胶等,最好采用屈服或断裂变形大且具有良好耐久性的 FRP 复合材料、高性能树脂或橡胶等材料。长标距封装的典型结构如附图 6 所示,其关键是在长标距段内形成均匀的应变场。

b) 长标距化封装的关键是在标距范围内形成能反映结构真实受力状态的均匀应变场。

c) 长标距化封装的另一个关键点是在锚固端应采取必要的措施防止滑动。

d) 通常情况下,封装后传感器的传感性能会得到一定程度的提高,特别是耐久性和长期稳定性会得到大幅的提升。

e) 相邻两长标距 FBG 传感器之间应留有足够的熔接冗余长度,应该不小于 25cm,以便传感器的连接和维护。

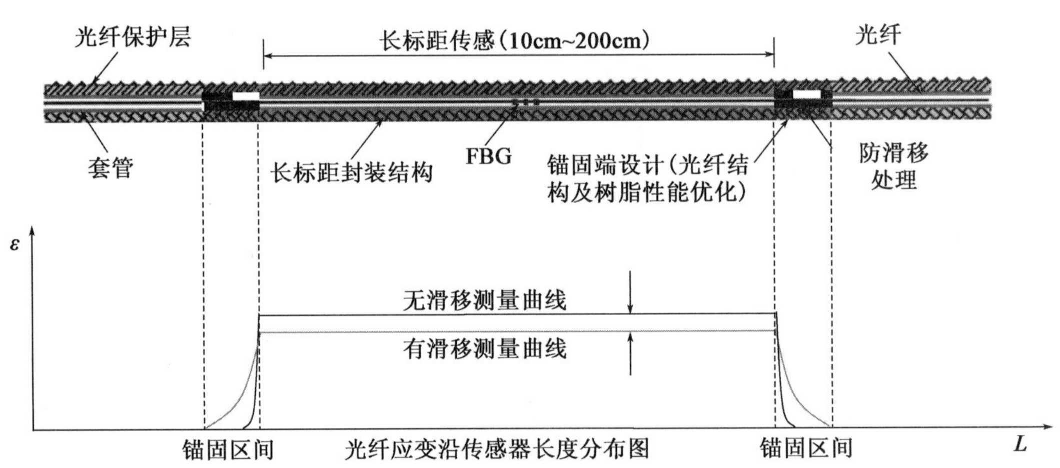

附图 6　长标距 FBG 光纤传感器设计

7.4.3 长标距布里渊光纤传感器

a) 基于布里渊散射的光纤传感器长标距封装相对简单,取一定长度的光纤用空心管等方法进行封装,使标距段形成均匀应变场。

b) 其关键是标距段的长度不小于布里渊传感的空间分辨率,因而空间分辨率是该技术所能分辨的最小尺度;当小于空间分辨率时,测量的结果误差大,只有当大于空间分辨率时,所测量的结果才能正确反映结构的真实应变。

7.4.4 SOFO 光纤传感器

SOFO 测量系统基于低相干干涉测量,传感器由测量光纤和参考光纤组成,如附图 7 所示。入射光束被耦合器分为两束强度相同的光,分别进入测量光纤和参考光纤,测量光纤可随结构变形而改变光程;参考光纤用于补偿由温度变化而引起的光纤折射率变化;两束光线经过不同的路线而存在光程差,相遇时会发生干涉,利用干涉图像得到结构变形量。

目前,SOFO 常用解调设备的性能参数如附表 3 所示。

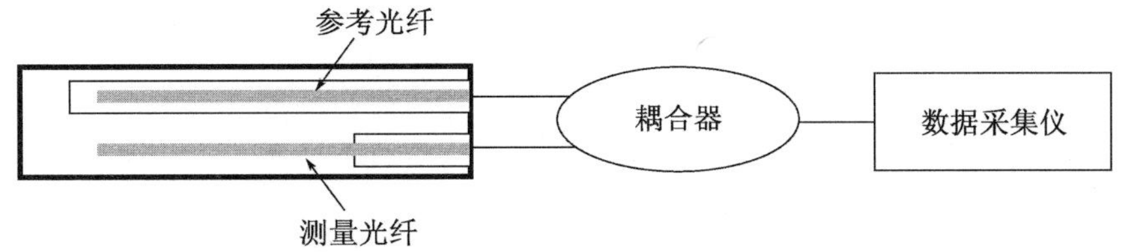

附图 7　SOFO 长标距光纤传感系统

附表 3　长标距 SOFO 传感解调仪性能指标

光 学 指 标			
光学通道数	1～12,可扩展	测量分辨率精度	2με
精度	<2‰	测量飘逸	小于测量分辨率
测量时间	<10s	温度补偿	不要
技 术 特 性			
交流电源	230V,50Hz/110V,60Hz		
内部电池	12V 直流,可充电		
外部连接	RS232 到计算机或通过 SOFObus 接口 2 个光接口(内置转换箱有 13 道)		
工作温度	-20℃～60℃		
储存温度	-30℃～70℃		
湿度	<90%(无凝结)		

7.5　区域分布和全域分布光纤传感技术

7.5.1　一般规定

a)　由于桥隧等交通工程结构的体量大、覆盖范围广,通常需要监测的部位比较长,对于关键区域需要多个传感器分布测量。

b)　由于桥隧等交通工程结构的损伤有一定的随机性,具体损伤部位存在较大的不确定性,但容易通过解析确定其出现范围。因而,确定了损伤区域后,在该区域全面粘贴长标距传感器[即为分布式区域传感,如附图 8a)所示],则结构出现的损伤能被区域分布的传感器准确识别;而对于难以确定易损区域的结构,可将长标距传感器在整个结构上进行分布,如附图 8b)所示,一旦结构出现损伤便可被准确识别。

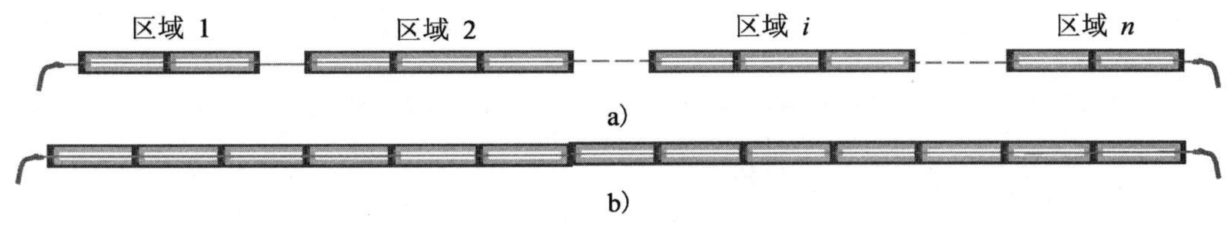

附图 8　长标距传感器区域分布和全域分布布设

c)　对于某些重要交通工程结构,且在结构上出现损伤的概率差别不大,则需要用长标距的传感器进行全面粘贴,特别是混凝土结构或出现损伤的工程结构。

7.5.2 长标距分布式光纤传感技术

a) 对于钢筋混凝土结构,传感标距的特征长度一般要大于10cm,但当标距长度大于200cm时,标距段内光纤的振动比较大,对测试精度有影响。

b) 在点式传感器长标距化封装过程中,可以采用刚度相对不同的材料进行封装以提高其测量的灵敏度和精度。

8 传感器布设

8.1 一般规定

8.1.1 本条文说明了传感器安装部位的总体确定方法,各种结构在不同的应用条件下其出现损伤和破坏的模式不同,因此在设计传感器布设方案时,应充分对结构的受力、易损性特征等进行分析,找出需要监测的关键部位并布设传感器。另外,也说明了针对结构群监测的传感器布设及优化。结构健康监测大多是针对单体结构,但是对于复杂交通基础设施,单体结构监测已经不能满足需要,需要对包含多个结构的结构群进行综合监测。

8.1.2 本条文说明了在结构监测中需要根据不同情况,采用合理的传感方式。常用的传感方式有四种,即点式、准分布式、区域分布和全域分布传感,其各有特点,在设计传感器布设方案时,要根据需要监测的量或者衍生物来确定对应的传感方式。如需要监测未知裂缝且确定其出现的大概部位时,则可采用区域分布式传感,如不确定其出现的大概部位,则需要采用全域分布传感。

8.1.3 传感器的布设需要考虑优化问题,优化本身是一个综合问题,需要考虑多种因素,主要体现在对传感系统的要求上,如准确性、稳定性,耐久性,而且经济性可行等。在优化设计时,需要根据实际需求,进行合理优化,确定传感器的分布、种类、数量等。

8.1.4 本条文说明了传感器优化布设还需要考虑实际的现场条件,合适的布设方案必须要能满足现场布设条件和结构的一些其他规定。如有的结构不允许挖孔、开槽等,即使这些微破损的布设方法被许可,在布设时应及时将破损处修补完好。

8.1.5 光纤传感器布设设计时需要考虑其可修复性,由于光纤传感器有其自身的特点,解调仪可同时监测连接在光纤上的多个传感器,但缺点是光纤传感器通常采用串联模式,一旦其中某处光纤断裂,或者串联的某个传感器失效,则有可能导致整个线路,乃至整个系统瘫痪,因此在传感器布设设计时,应充分注意这点,提高传感器,乃至传感系统的可修复性。

8.2 典型监测指标的传感器布设

本节条文主要规范了针对应变、裂缝、结构接缝、伸缩缝、索力、土压力、转角(倾角)、中和轴位置、曲率、钢筋锈蚀、结构挠度、频率、模态、受弯杆件的轴力等常规监测指标应用光纤传感器的一般布设方法。当然,在实际情况中,还需根据现场条件等各种实际情况进行综合分析判断后确定。

8.2.3 对于接缝及伸缩缝可采用一字单向将传感器布设于缝的两侧,如需考虑两侧结构的错动,则可采用十字双向布设,如附图9所示。

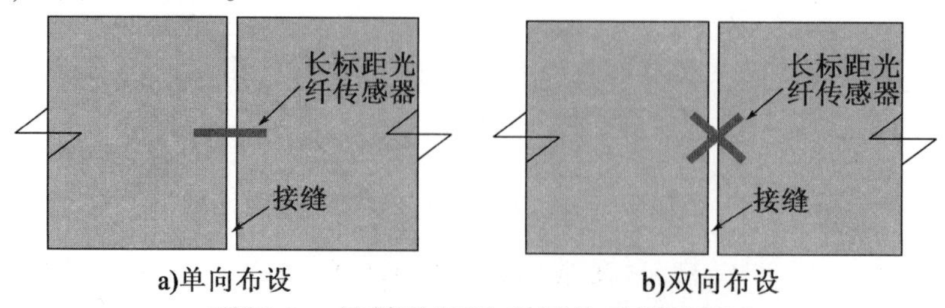

附图9 接缝监测的光纤传感器布设

8.2.6 转角监测的布设,以柱为示例,在柱式结构中,底部传感器布设在柱身和基础交界处,可监测柱的刚体转角(附图10)。如需考虑基础转动,则需将光纤传感器伸入基础之内。梁结构亦类推。

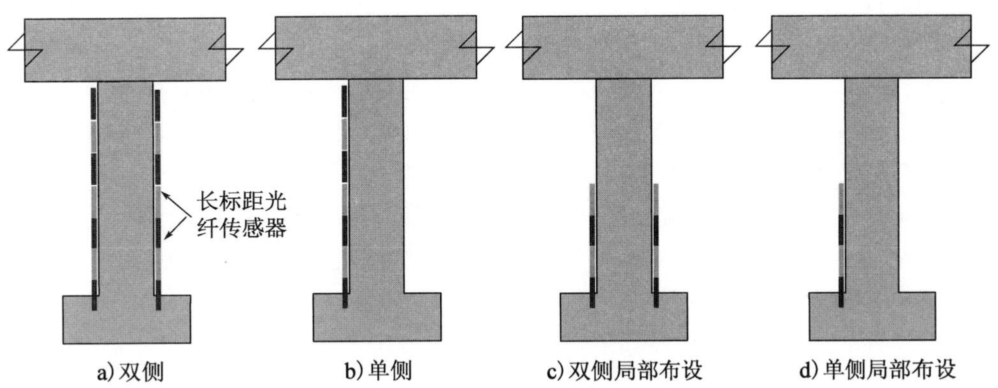

附图10 监测转角(倾角)的光纤布设

8.2.10 挠度监测需要获取结构的应变分布,可采用准分布、区域分布和全域分布方式进行布设(附图11),获取应变信息越多,则越精确。

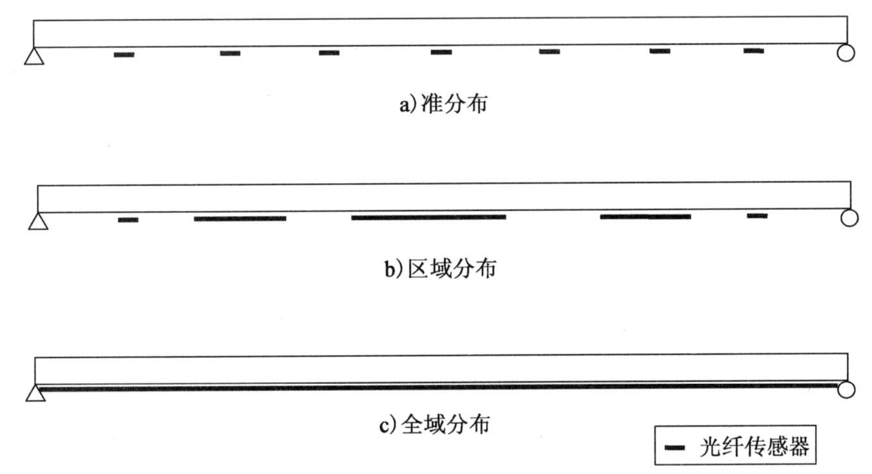

附图11 传感器布置图(挠度监测)

8.2.12 在需要测试受弯杆件的轴力时,应将传感器置于中性轴平面,以避免弯曲对轴向应变测试的影响(附图12)。

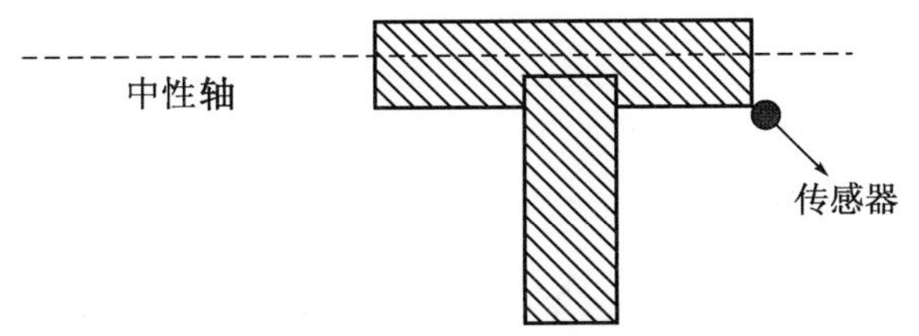

附图12 受弯杆件的轴力监测布设

8.3 桥梁结构传感器布设

8.3.1~8.3.4 桥梁结构的监测需要充分结合其自身特点、荷载作用下的响应特性以及易损性、失效模式等,根据不同的监测目的进行传感器布设方案设计并优化。

8.3.5 传感器优化布置应根据具体监测目的来确定，以下通过简支梁桥和连续梁桥来说明其优化布置方法，本示例考虑两类监测目的：

a) 对桥梁进行损伤识别。

b) 监测桥梁的整体特性（如挠度、结构动力特性等）。

以损伤识别为监测目的时，宜通过在桥梁模型上施加车道荷载来确定其关键区域（即易损区域，一般选取应力状态较大、安全系数较低或病害概率较大的区域）并在此关键区域布设，虽然损伤发生是随机的且预先不知道损伤具体位置，但可通过结构分析和计算，预先确定损伤发生的区域。例如，简支梁结构的损伤一般发生在跨中区域，连续梁结构的损伤一般发生在支座附近和跨中区域，所以只要在这些关键区域实现光纤应变传感器的分布式布置就可以对结构的随机损伤进行探测和识别。对于以获得结构整体特性为目的的监测，传感器宜间隔布置。为减少成本，在条件许可的情况下，也可采用区域或全域的分布式布设。对于上述两种目的都需要的监测，则宜根据损伤识别和获得结构整体特性的要求分别确定传感器布置方式，然后进行合并。附图13和附图14分别为简支梁和连续梁的传感器优化布置参考方案示例。当然，对于实际桥梁的监测，需根据实际结构的易损性分析并根据现场实际情况综合考虑。

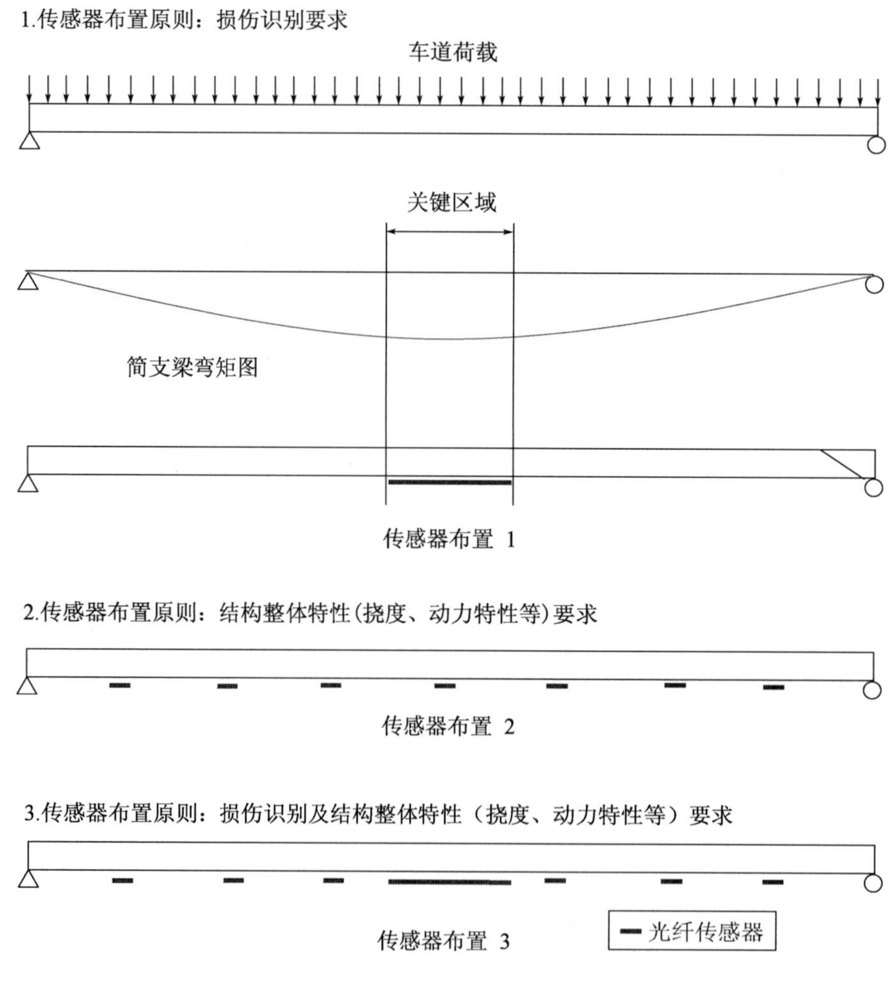

附图13 简支梁桥传感器布置示意

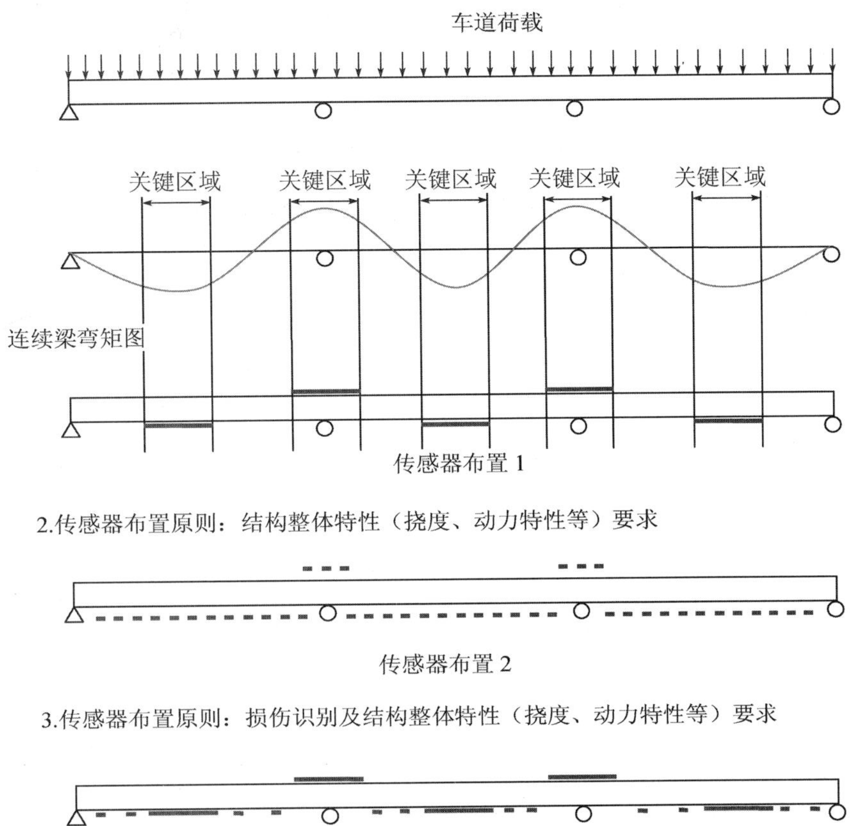

附图 14　连续梁桥传感器布置示意

8.4　隧道结构传感器布设

8.4.1　隧道的结构形式不同,对检测/监测的要求也不同。例如,混凝土现浇衬砌会出现混凝土开裂病害,需要选择适合裂缝监测的传感器;而盾构隧道的变形主要集中在接缝处,因此需要选择适合接缝监测的传感器。

8.4.2　一般中等长度的隧道可达数公里,相比于桥梁,隧道结构是一种薄弱环节不明显的结构,即其每个部位都是潜在监测区域。在实际中,显然无法对所有断面和整个长度区间实施全面监测。因此,通过调查各种水文、地质条件,结合设计参数,对隧道结构实施分析,选择最脆弱的断面和区间进行布设监测系统,使监测系统能够真正有效保护结构安全运营。

8.4.3　利用监测应变反演横向变形,原则上需要整个隧道环的闭合应变。但是,在隧道中有时无法监测整个环向的应变,传感器需要进行优化布设,其原则就是应变变化大的区域优先布设传感器。利用监测应变计算横向变形时,采用的计算模型实质上是梁模型。在梁模型内,需要知道各单元曲率分布,然后才能计算挠度/沉降分布。由于隧道结构纵向模型与简化的梁模型存在差异,因此,为了保障变形计算精度,最佳方案就是在隧道纵向应变变化最大的上下顶面各布设一条传感线路。当然,在传感器数量有限的情况下,为进一步优化,应将传感器布设在应变相对较大的区域,如盾构隧道的管片接缝处。此外,在应变计算变形的模型中,需要明确边界条件。因此,应选择两端边界沉降能够获得的区域作为监测区域,以提高监测精度。在盾构隧道中,接缝处的变形较大,如果传感器标距太小,量程将不能满足要求;但如果传感器标距太大,变形监测精度将不能满足要求。根据试验数据及经验,传感器应采用长标距光纤传感器，标距宜在 0.5m～1m 范围内，可保证足够的精度和量程。

8.4.4　分布式光纤传感器可大大简化传统电式传感“一个传感器一条线路”的繁杂系统，但也带来了新的潜在危险。线路上只要出现问题，就将影响“下游”传感器甚至整个监测系统的正常工作。因此，光纤传感器布设时应保证其有良好的可维修性和一定的冗余度。

8.4.5　本条文针对盾构法的盾构管片结构隧道根据其结构及受力特征，对常用的监测内容、传感器的布设方案等进行了说明和示例。环向接缝、管片应变/应力的光纤优化布设可分别如附图 15 和附图 16 所示，截面收敛应通过这两种物理量进行解析和计算。纵向接缝的光纤优化布设如附图 17 所示，沉降可以通过该物理量进行计算。

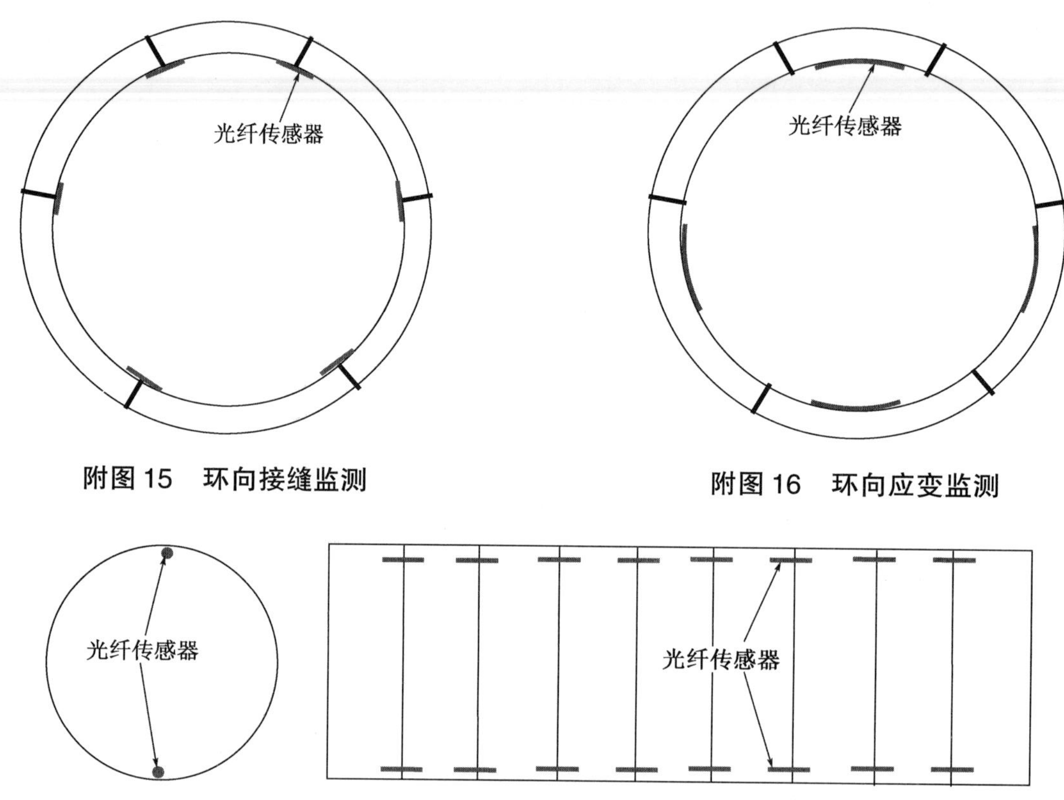

附图 15　环向接缝监测

附图 16　环向应变监测

附图 17　纵向接缝监测

8.4.6　本条文针对采用新奥法的支护结构隧道，根据其不用的结构及受力特征，对常用的监测内容、传感器的布设方案等进行了说明和示例。环向衬砌应变/应力监测用光纤优化布设如附图 18 所示，纵向衬砌应变/应力监测用光纤优化布设如附图 19 所示，仰拱隆起监测用光纤优化布设如附图 20 所示，锚杆轴力监测可如附图 21 所示。

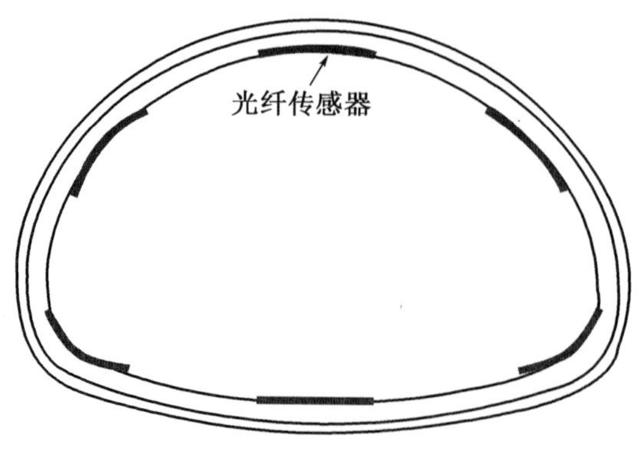

附图 18　环向变形监测

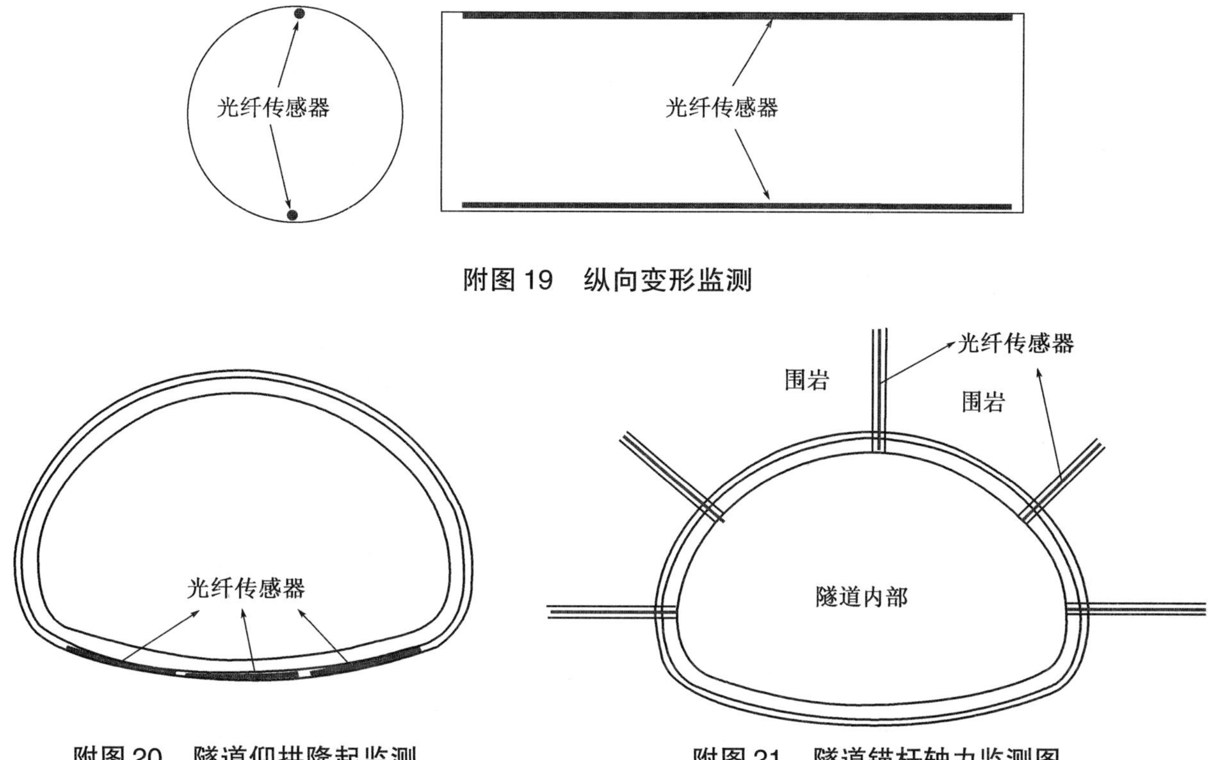

附图 19　纵向变形监测

附图 20　隧道仰拱隆起监测

附图 21　隧道锚杆轴力监测图

9　传感器现场安装与施工

9.1　一般规定

a）光纤的连接一般包括熔接、冷接和活动连接，熔接在实际工程中被广泛采用，需要用熔接机、光纤切刀等工具将两根光纤连接起来，不需要其他辅料，其特点是光损耗小、稳定可靠，但现场操作相对麻烦，且设备成本高，野外作业受限。冷接不需要太多设备，光纤切后用快速连接器和匹配液将两光纤连接起来，其优点是操作方便，适合野外作业，缺点是光损偏大，长期连接性能需进一步验证。活动连接主要用于光纤与传输系统设备以及仪表间的连接，主要是通过光连接插件进行连接，优点是灵活性好、调换连接点方便，但光损和反射大。对于长期或串联的多点测量，一般应该采用熔接的方式连接，这样连接的可靠性较高且光损小，适合长期或多点测量；而对于短期或者串联传感器较少的情况，可以采用冷接或活动连接。通常情况下，各种连接的光损耗如附表 4 所示。

附表 4　各种连接的损耗

连 接 方 式	光损耗（dB/接头）
熔接	0.01～0.03
冷接	0.1～0.3
活动连接	1.0

b）影响光纤连接质量的因素较多，光纤连接效果需确保传感器到测量仪器之间的信号传输，应降低或避免附表 5 所示影响因素对光纤连接的影响。

附表5 影响光纤连接的质量

影响因素		示例
光纤端面	斜角面	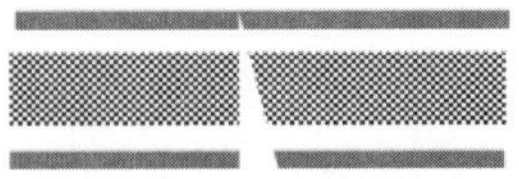
	圆角面	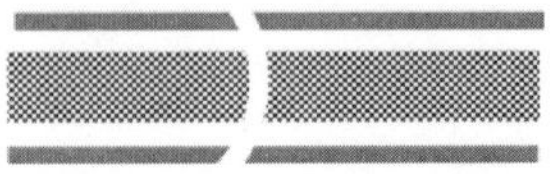
	粗糙面	
光纤排列	横向不对齐	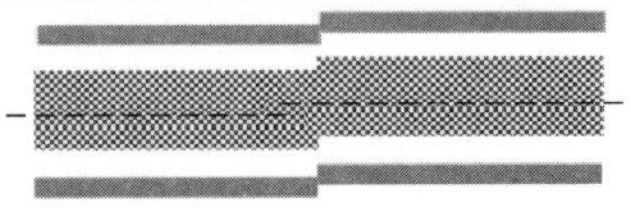
	面面有夹角	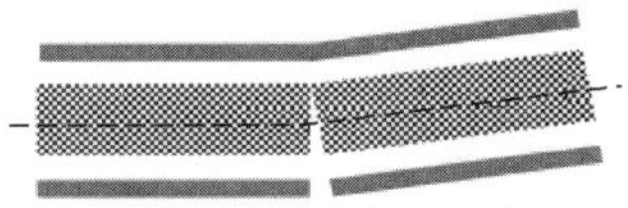
	间隙	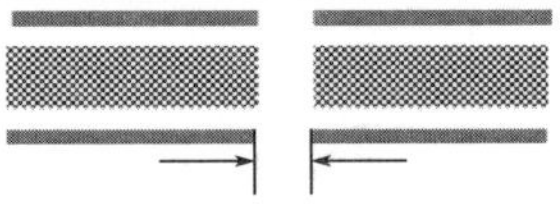
光纤种类不匹配		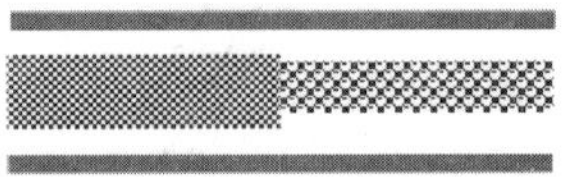

9.3 光纤传感器的熔接

a) 由于熔接后连接处的光纤变得脆弱易断,应重点加强保护。

b) 光纤弯曲半径越小,光损耗越大。当弯曲半径小于5cm时,光损耗会引起测量误差增大。

9.4 光纤传感器的法兰连接

使用法兰连接时,应尽可能减小两光纤接头处的空气缝隙,因为空气缝隙的存在会导致8%的光损。

9.5 光纤传感器在混凝土上的安装

a) 光纤传感器安装前,必须对混凝土表面进行处理,最好去除混凝土表面的碳化层,然后涂刷底胶,否则传感器在混凝土结构上的长期耐久性难以保证。

b) 光纤传感器安装方式通常有全面粘贴(附图22)和定点粘贴(附图23)两种形式。全面粘贴安装的可靠性高,后期拆卸麻烦,适合于长期监测,但不影响长标距传感器的长标距监测特性,标距段内仍能形成均匀的应变场;定点粘贴安装适合短期测量和后期拆卸。

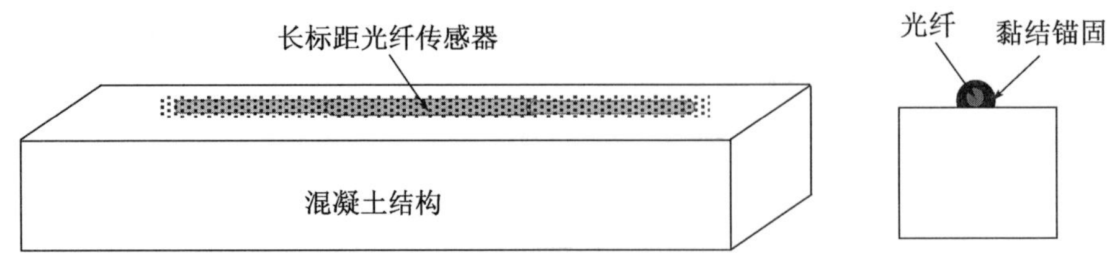

附图22 长标距光纤传感器在混凝土结构上全面粘贴安装

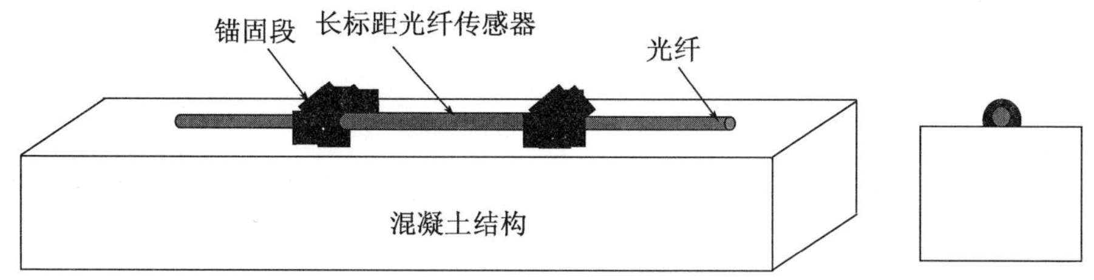

附图 23 长标距光纤传感器在混凝土结构上定点粘贴安装

c) 光纤传感器在混凝土结构上安装的另外一种方式是埋入式安装，可以分为：①混凝土浇筑前埋入安装，即在浇筑混凝土时将传感器绑扎在钢筋上或混凝土结构其他位置上；②混凝土浇筑后埋入安装，即对于已建的混凝土结构，首先在结构上开槽，然后将传感器埋入结构，如附图 24 所示。埋入式安装的传感器相对于表面粘贴的传感器而言，可靠性更高、耐久性更好，但是后期管理维护难度大。

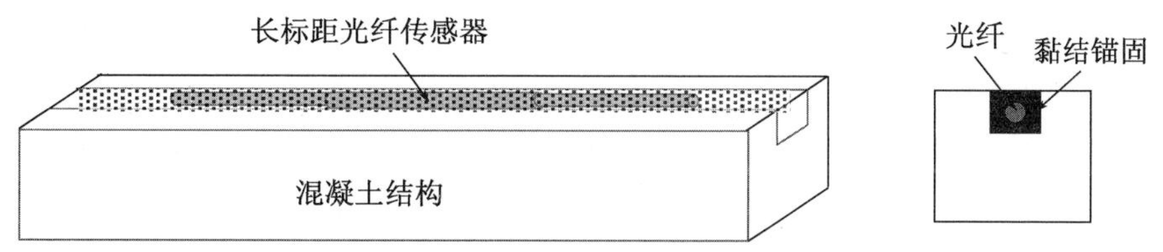

附图 24 长标距光纤传感器在混凝土结构上全面粘贴安装

9.6 光纤传感器在钢筋及钢结构上的安装

a) 与在混凝土结构上安装光纤传感器类似，表面的基本安装方法有全面粘贴和定点粘贴两种安装方法。

b) 在钢筋或钢结构上进行开槽安装时，需要严格控制开槽的尺寸，而且所开设的槽不能影响钢筋或钢结构的力学性能，安装后必须对开槽处和传感器进行防护处理，如附图 25 所示。

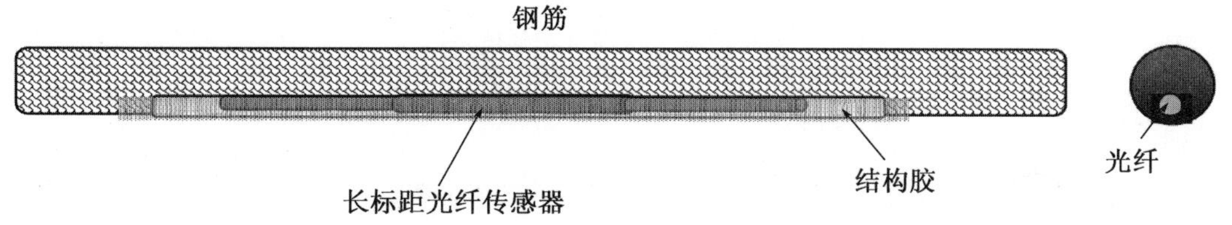

附图 25 传感器在钢筋上的安装

c) 对于钢结构还可以在结构上焊接安装基座，然后安装传感器。

d) 此外，光纤传感器还可用于边坡及河道的冲刷监测。对于土质边坡及河道，由于存在较厚的疏松土质层或淤泥层，很难直接在其上面布设传感器，因而需要首先构筑安装传感器的基座，然后在基座上安装光纤传感器。通常先在边坡上或河道底部（堤岸）打设锚杆，然后在锚杆上固定光纤传感器。另外，在边坡及河道上布设的光纤传感器需进行严格的防水处理。

10 数据的采集、处理、传输与存储管理

10.1 一般规定

a) 光纤传感的结构健康监测系统，其数据子系统包括四个子类目（子系统）：数据采集、数据处

理、数据传输(通信)和数据存储管理(数据库系统)。工作流程是根据监测系统需求,设置一个或多个数据采集终端在适宜场所中(待测结构内部或外部),按照监测工作站等上级终端的要求,依靠各类光纤传感器,采集桥隧结构的各类待测指标相关信号,进而将信号数据或基于信号数据的解析结果传输到上级工作站,以数据文件或数据库的形式存储,并进行远程访问、分析、控制等管理。各子类目均需从硬件、软件、工作机制三方面着手进行设计与实施,宜按附表6的具体设计类目进行。

附表6　数据采集、传输、处理与存储管理的具体设计类目

类目	序号	具体设计类目	具体内容	设计依据
数据采集	1	采集的时间模式	全时、分时、触发的在线方式	建设阶段、结构和待测量特点
	2	采集硬件空间分布	集中、分散、混合采集设计	结构类型、设备间距
	3	传感信号调理	信号增益、降噪体系设计	信号特点
	4	采集硬件的性能	针对性的性能体系设计	结构类型、监测需求
	5	硬件场所设置	硬件场所利用与新设	场所条件、设备防护要求
	6	采集软件设计	多类目的针对性设计	数据工作流程
	7	待测量采集模式	光纤传感“一专多能”设计	光纤传感理论、监测需求
	8	采集时间体系	针对性的同步性设计	硬件条件、待测量特点
数据处理	1	数据预处理、后处理	粗差、时域、频域等多重处理	采集数据特点、监测需求
	2	自动化设计	软硬件设计	监测需求、结构特点
	3	告警与响应设计	自动与人工相结合的机制设计	系统自修复要求
	4	待测量数据处理评估	全面结构性能评估体系设计	区域分布传感理论、监测需求
数据传输	1	物理连接方法	针对光纤传感的连接方法	传输间距、现场条件
	2	传输介质的选择	线衰、增益、中继等规定	硬件水平、传输条件
	3	通信协议的选择	针对性的数据接口和格式	传输条件、现有规范
	4	信号转换的规定	针对性设计内场和外场传输	传输覆盖范围、中继条件
	5	线路选择和设计	新设线路与利用现有线路	经济性、施工难度、中继条件
	6	组网的拓扑形式	对单体、结构群分别设计	网络条件、结构群间的联系
	7	通信软件的设计	多方面针对性设计	传输软硬件条件
	8	通信数据帧包格式	光纤传感的数据帧包构成	光纤传感通信特点、通信质量
	9	通信传输同步性	基准、速度、有线无线等	“因地制宜”原则
数据存储	1	数据库架构和功能	数据库选型和设计原则	信息融合、信息安全规范
	2	数据库运行管理机制	自动化与人工相结合的机制设计	管养制度、安全规范等
	3	数据预警与自修复	待测量判断、预警、应急存储	监测系统响应指标、预警要求
	4	数据安全机制	安全鉴权机制和权限管理	国家安全规范
	5	数据的接口拓展	数据的分散和集中管理	信息融合规范

b) 桥隧结构健康监测所布设的光纤传感器种类繁多,监测系统将获取海量数据,采用信息融合技术,对监测信号的特征进行提取、分离、压缩和分析处理,是实现桥隧结构健康监测的重要手段。

10.2 数据采集

10.2.1 数据采集硬件(设备)设计

a) 采集硬件(设备)与传感器之间应有明确的空间分布关系。根据工程特点与现场具体条件,可选择数据集中采集、分散采集(分布式采集)和混合采集三种方式。需要注意采集站(仪)应安置于能保证采集信号质量的位置,其与传感器间的最远传输距离应由传感器的信号衰减传输性能确定。(注:下文中各分布方式的说明图仅为简要说明,仅采用了本条文说明中10.4.1节中的“总线拓扑”绘制,这种拓扑仅是6种常见拓扑结构之一,详细的拓扑图应根据监测需求、传感器类型、场所通信条件及施工条件等绘制;本规范条文说明的第10.4.1节组网拓扑说明中介绍了分散采集形式的全部6种组网拓扑形式。)

1) 集中采集。传感器系统空间分布较集中、传感器网络与采集站的距离较近(一般≤10km)时宜采用此方法,即仅设置单一的中心采集站(仪),根据实际情况,中心采集站(仪)可安置于被测结构外,也可以安置于被测结构内达到安置条件的区域。

2) 分散采集(分布式采集)。传感器系统空间分布较分散时,或集中采集方案传感器和采集站(仪)的连接距离超过传感器信号衰减传输性能所允许的最远距离时(一般>10km),宜设置多个子采集站(仪),各子采集站(仪)与中心采集站(仪)直接或通过中继相连,其中需注意子采集站(仪)必须置于具备设备安置条件的区域,传感器与采集站(仪)、子采集站(仪)与中心采集站(仪)的连接须可靠、稳定。

3) 混合采集。指的是集中采集和分布式采集混合使用的方式。在同一桥隧结构的健康监测中,当传感器空间分布较为分散时,总体上可以设置多个子采集站(仪)进行分布式采集,而在特定局部可以通过光纤传感网络直接连接中心采集站(仪)而采用集中采集。

附图26是上述三种采集硬件(设备)空间分布关系的说明。

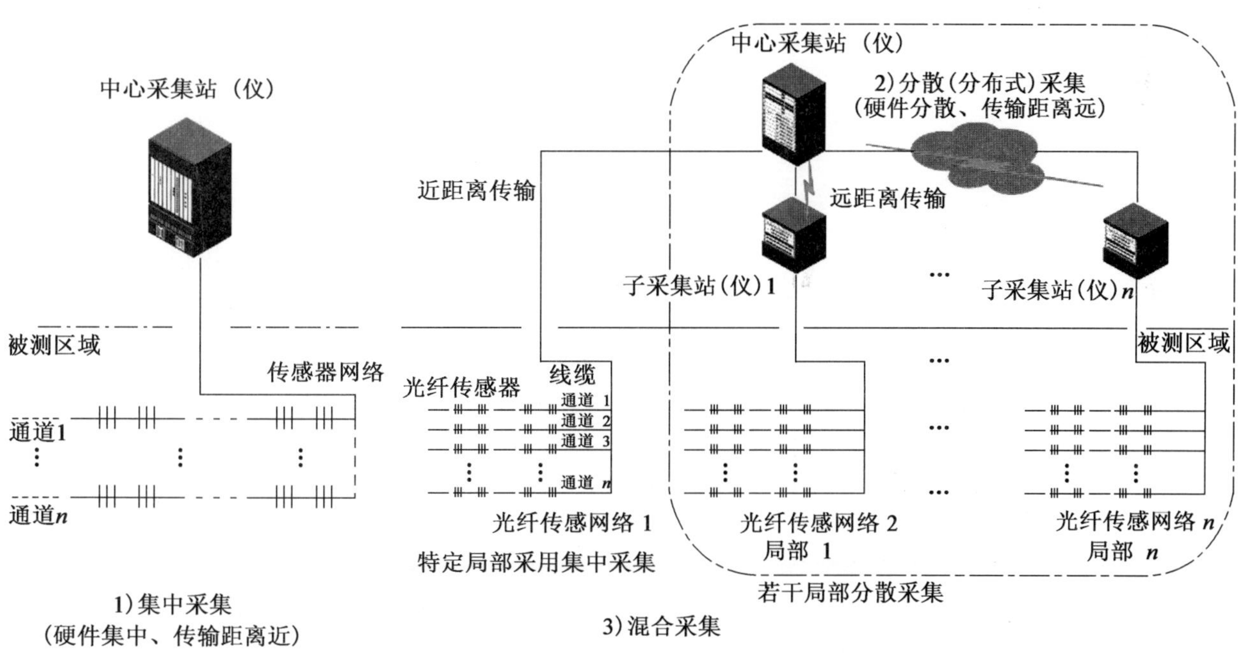

附图26 采集硬件(设备)的空间分布关系

b) 数据采集的信号调理。

1) 数据采集硬件(设备)所收集的信号,应进行信号调理,有效进行信噪分离,提高数据采集的质量。采集硬件(设备)所收集的信号有电信号和光信号,其中电信号主要是各类电压信号,光信号则来源于光纤传感器和通信光缆的通信信号。光纤传感器一般以光信号直接输出,由采集站(仪)或采集站(仪)中的光纤光信号解调仪(模块)来对光信号进行解调和采集,将模拟信号的光信号进行数字电信号的转换(A/D 转换),从而实现数字化采集;但有时根据采集的实际需求,光纤传感器也可设计成自带光电 A/D 转换功能的形式,传感器自身可直接进行电信号的输出,采集站(仪)不再进行光信号解调,而直接对数字化电信号进行采集。此类设计的传感器在传输条件允许前提下,可用于采集站(仪)与传感器间不便布设光缆的场合进行无线发射连接,如附图 27 所示。

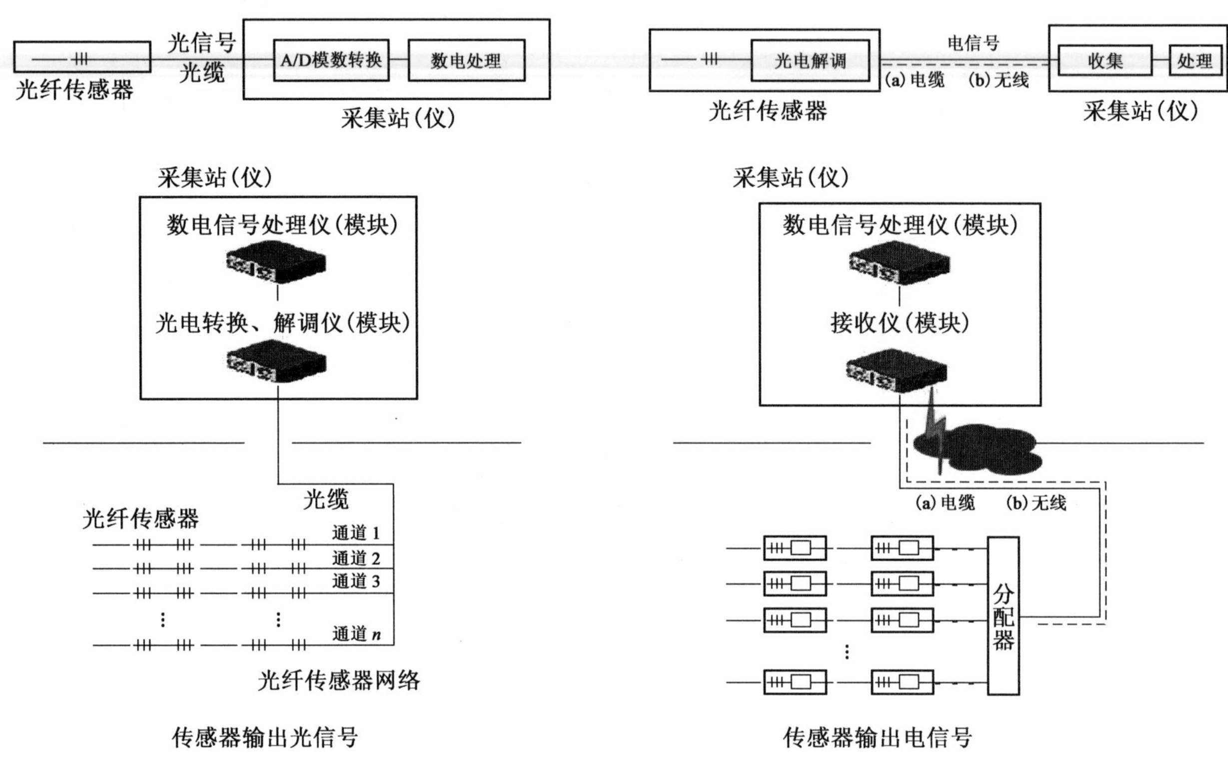

附图 27 传感器输出信号的说明

2) 在对光纤传感器进行光信号的采集时,采集站(仪)主要获取光纤传感器的中心波长(DUT peak)和光信号的能级(Level),以及其他在中心波长基础上进行演算后的各物理量,信号调理应保证信号的能级处于采集站(仪)的解调能力范围以内,必要时应增加光纤信号增益器来放大光信号,或应使用光纤信号衰减器来衰减光信号。附图 28 是设置噪声阈值(Noise threshold)来隔离噪声的说明,目的是隔离光纤传感器的强边模反射,或由于光纤法兰头或光纤末端引起的反射,使中心波长的探测值更准确。

3) 采集中往往能同时采集到光纤传感器中的中心波长信号和噪声信号,而噪声信号的能级往往低于传感器中心波长信号的能级,因此采集系统应可以设置某信号强度阈值,阈值以下的可认定是噪声,应进行隔离,在阈值之上进行中心波长信号的采集。强度阈值的具体数值,应依据光纤传感器和采集硬件的特性及标定数值进行确定。

c) 采集硬件进行性能、功能设计时,应依据监测系统总体设计和业主对采集子系统的具体性能和功能来进行针对性的设计和选型,可以将采集硬件根据技术水平和实现监测目标的能力,分成若干技术层级,在没有特别指定的情况下,按甲级、乙级、丙级这 3 种技术层级来设计和选型采集硬件,附表 7 给出了各技术层级的典型性能指标和功能。

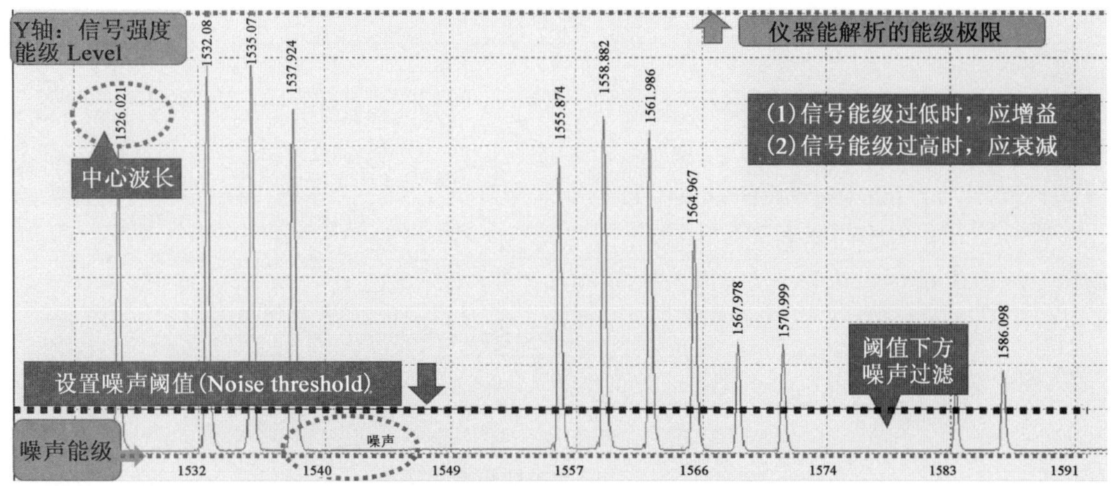

附图 28　某型光纤传感器信号调理的噪声阈值设置

附表 7　采集硬件(设备)的典型性能指标和功能

<table>
<tr><td colspan="3" rowspan="3">信号类型</td><td colspan="5">电信号</td><td colspan="4">光信号</td></tr>
<tr><td colspan="3">模拟电压信号</td><td colspan="2">外场采集数字信号</td><td colspan="3">光纤传感器输出光信号</td><td>通信光信号</td></tr>
<tr><td colspan="3">集中式的基于PCI、PXI、USB 等接口的采集板卡</td><td colspan="2">CAN、Lonworks、PCMCIA、IEEE 等总线设备</td><td colspan="3">专用光纤光栅解调仪（模块）</td><td>符合国家通信相关标准的通信设备</td></tr>
<tr><td colspan="3">技术层级</td><td colspan="2">甲</td><td colspan="2">乙</td><td>丙</td><td>甲</td><td>乙</td><td>丙</td><td rowspan="15">符合国家通信相关标准</td></tr>
<tr><td rowspan="14">性能设计</td><td rowspan="14">主要考查指标、规格</td><td>接口标准</td><td colspan="5" rowspan="2"></td><td>光:全兼容:数:</td><td>光:指定:数:</td><td>指定</td></tr>
<tr><td>输入范围</td><td>波长范围≥75nm</td><td>波长范围≥40nm</td><td>波长范围≥40nm</td></tr>
<tr><td>动态范围</td><td colspan="2">≥90db</td><td colspan="2">≥70db</td><td>≥50db</td><td>40db</td><td>25db</td><td>最低需求</td></tr>
<tr><td>采样频率</td><td colspan="5"></td><td>动态 0～1kHz;静态</td><td>动态 0～500Hz;静态</td><td>最低需求</td></tr>
<tr><td>通道状况</td><td colspan="5">各通道独立、同步、无道间干扰</td><td>通道数不限;各通道独立、同步;可智能配置</td><td>通道数:0～8;各通道独立、同步;无智能配置</td><td>最低需求</td></tr>
<tr><td>数据容量</td><td colspan="5">采用非易失 CMOS、SRAM、SSD 作介质</td><td>传感器数≥40h,在线实时≥365d</td><td>传感器数≥40h,在线实时≥90d</td><td>传感器数≥40h,在线实时≥1d</td></tr>
<tr><td>分辨率</td><td colspan="5">A/D 分辨率≥16 位</td><td>波长:≤0.2pm;A/D:≥16 位</td><td>≤0.5pm;A/D:≥16 位</td><td>最低需求</td></tr>
<tr><td>精度</td><td colspan="2">转换 16 位,同步 μs 级</td><td colspan="2">转换 16 位,同步 ms 级</td><td>最低需求</td><td>0.5pm 级</td><td>2pm 级</td><td>最低需求</td></tr>
<tr><td>重复性</td><td colspan="5"></td><td>2pm</td><td>2pm</td><td>最低需求</td></tr>
<tr><td>传输率</td><td colspan="2">≥250Mbps</td><td colspan="2">≥100Mbps</td><td>最低需求</td><td>≥250Mbps</td><td>≥100Mbps</td><td>最低需求</td></tr>
<tr><td>传输距离</td><td colspan="2">全域无中继</td><td colspan="2">需中继</td><td>最低需求</td><td colspan="3"></td></tr>
<tr><td rowspan="3">通信方式</td><td>甲级</td><td colspan="7">有线、全速无线,支持无线设备</td></tr>
<tr><td>乙级</td><td colspan="7">有线、低速无线或预留无线设备端口</td></tr>
<tr><td>丙级</td><td colspan="7">有线</td></tr>
</table>

附表7 采集硬件(设备)的典型性能指标和功能(续)

信号类型				电信号			光信号			
				模拟电压信号	外场采集数字信号		光纤传感器输出光信号			通信光信号
				集中式的基于PCI、PXI、USB等接口的采集板卡	CAN、Lonworks、PCMCIA、IEEE等总线设备		专用光纤光栅解调仪(模块)			符合国家通信相关标准的通信设备
技术层级				甲	乙	丙	甲	乙	丙	符合国家通信相关标准
性能设计	主要考查指标、规格	扩展能力	甲级	成套标准化扩展卡						
			乙级	预留接口,需专门开发						
			丙级	不具备						
		触发方式	甲级	可智能自动触发						
			乙级	手工、程序、阈值触发						
			丙级	手工触发						
		在线模式	甲级	硬件层支持全时在线、远程硬件指令						
			乙级	至少分时在线,远程由上位机软件层实现						
			丙级	不在线、远程由上位机远程桌面实现						
		信号调理能力		智能高、低,带通硬件	人工、软件滤波和放大	最低需求	智能自调理	需人工配置	最低要求	
可靠性设计	校准功能	自校准	甲级	智能实时自校准						
			乙级	分时自校准						
		外校准	丙级	定时外校准						
	抗电磁干扰			串模干扰抑制						
				共模干扰抑制						
	使用寿命			符合监测系统具体要求						
人性化设计	便携性		甲级	支持手持操作或配套手持模块						
			乙级	预留手持操作接口						
			丙级	现场采集最低需求						
	采集报警		甲级	设备状态、采集阈值						
			乙级	设备状态						
			丙级	无报警						
	数据分析辅助		甲级	自带部分数据处理分析功能						
			乙级	可扩展实现数据分析前处理						
			丙级	无辅助功能						
环境适应性	防护功能			高低温保护						
				抗冲击和振动						
				防潮湿和盐雾						
	工作温度			符合监测系统具体要求						
	安全			必要安全防护:防火、防雷、防辐射、防侵入、防对人员伤害						

d) 数据采集硬件(设备)的安置和防护。

1) 数据采集硬件(设备)的安置和防护包括安置场所需要达到的条件要求,也包括采集硬件(设备)所应符合的设计要求,采集设备应具备设置在潮湿、有静电及磁场环境之中的相应防护等级,无此防护等级的设备不能置于此类环境中或应改善安置环境。采集设备应具备满足监测周期需求的不间断电源保障。采集设备往往会配套诸如供电、配电、空调、照明等配套设备,这些设备也应符合国家相关标准的规定,采集硬件的安置场所位置应明确,应满足采集设备的安全、环境、电力、通信等基本要求,其详细类目见附表8。

附表8 采集设备安置场所的基本要求

<table>
<tr><th colspan="2">条件类目</th><th>场所要求</th></tr>
<tr><td rowspan="2">位置</td><td>地理位置</td><td>应具体明确、相对固定、便利到达、易管理和维护</td></tr>
<tr><td>空间容量</td><td>应满足采集设备正常运行和管养人员运维操作的空间需求,并应留有足够扩展空间</td></tr>
<tr><td rowspan="5">安全</td><td>防火</td><td rowspan="2">应具备必要措施保障人员和设备安全</td></tr>
<tr><td>防雷</td></tr>
<tr><td>防辐射源</td><td>应远离辐射源,无法远离时,设备和人员应具备相应防护等级</td></tr>
<tr><td>防侵入</td><td>应符合国家相关规定的防侵入措施</td></tr>
<tr><td>防泄密</td><td>应符合国家相关保密法律法规规定的保密措施</td></tr>
<tr><td rowspan="2">环境</td><td>湿度</td><td>应保持干燥,难以保证干燥时,设备应具备相应防护等级</td></tr>
<tr><td>温度</td><td>应安装空调等设备保证匹配采集设备的工作温度要求</td></tr>
<tr><td rowspan="3">电力</td><td>不间断电源</td><td>应尽可能提供,对全(实)时在线监测系统必须提供</td></tr>
<tr><td>电压</td><td>应稳定、可靠</td></tr>
<tr><td>电磁干扰</td><td>应无干扰或低干扰,应匹配采集设备电磁兼容特性</td></tr>
<tr><td rowspan="4">通信</td><td>有线/无线方式</td><td>应提供满足监测系统设计需求的传输方式</td></tr>
<tr><td>通信质量</td><td>应保证高质量、可控、稳定可靠的通信质量</td></tr>
<tr><td>通信路径</td><td>应保证通信线路的专用和专管</td></tr>
<tr><td>互联网条件</td><td>(1)符合监测系统要求;(2)符合国家网络安全相关标准;(3)符合保密法规</td></tr>
<tr><td colspan="3">采集站(仪)配套的上位机宜采用稳定的工控机</td></tr>
</table>

2) 由于桥隧结构和健康监测系统的具体采集需求千差万别,即使对同一桥隧,符合基本要求的可进行采集设备安置的场所可能也有很多选择。在条件允许的前提下,应设置新的专用采集设备安置场所;在不具备新设场所的条件时,也可以利用已有的类似健康监测系统的安置场所,或利用桥隧结构的计算机或消防控制中心。在某些监测系统设计里,采集硬件(设备)还可以被安置在待测桥隧相配套的附属机械(如起重机)、装备等的舱室内,甚至还可被安置在水下区域。安置场所也可以进行临时设置,比如某些仅需针对临时部位进行临时性采集的情形(如施工期对某构件的安装性能评估)。

3) 采集硬件(设备)的外壳防护等级应符合国际电工委员会和国内相关标准。目前对于外壳防护有两种并行的标准体系(IP和NEMA代码)。我国的国家标准采用的是IP代码标准,同时有某些设备采用的是美国的NEMA代码标准,可将NEMA代码等效转化为IP代码再进行设备选型(但IP代码不能等效转化成NEMA代码)。IP代码标准中,表示防护等级的标志符号由IP字母后面加两位数字组成,每一位的数字越大,代表这一位数字所表征的对应防护水平越高。

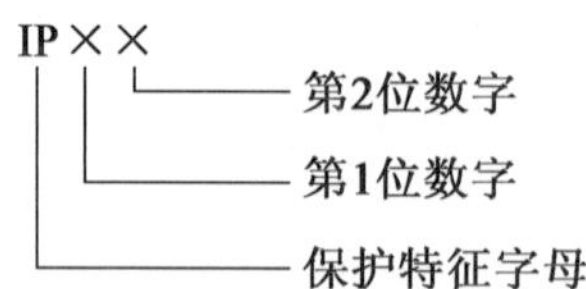

4) 各采集硬件(设备)在各设置场所中应具备和场所条件相匹配的最低外壳防护等级,特别是采集硬件(设备)无法安置于干燥控制室等良好环境中时,具体见附表9。

附表9 采集硬件(设备)在各场所中应具备的最低外壳防护等级

<table>
<tr><td>(1)</td><td>(2)</td><td>(3)</td><td colspan="3">配 电 设 备</td><td rowspan="2">电动机</td><td rowspan="2">变压器、变流器</td><td rowspan="2">照明设备</td><td rowspan="2">电热器</td><td rowspan="2">发电机</td><td>附具</td></tr>
<tr><td>场(处)所</td><td>环境条件特点</td><td>设备(仪器)最低防护级</td><td>配电板</td><td>配电控制设备</td><td>电动机启动器</td><td>开关、接线盒等</td></tr>
<tr><td>干燥的起居室</td><td>只有触及带电部分的危险</td><td>IP20</td><td colspan="7" rowspan="8">3</td><td rowspan="3">—</td><td>3</td></tr>
<tr><td>干燥的控制室</td><td rowspan="7">滴水和(或)中等机械损伤危险</td><td rowspan="7">IP22</td><td>3</td></tr>
<tr><td>有滴水风险的控制室、机械驾驶室</td><td>3</td></tr>
<tr><td>机械用舱室(花钢板以上)、机械舵机室</td><td>3</td><td rowspan="3">IP44</td></tr>
<tr><td>应急机械室</td><td>3</td></tr>
<tr><td>冷藏机室、气体机室(氨气装置室除外)</td><td rowspan="3">—</td></tr>
<tr><td>一般储藏室</td><td>3</td></tr>
<tr><td>仓库(室)</td><td>3</td></tr>
<tr><td>喷淋室、喷涂室</td><td rowspan="3">较大的水或机械损伤危险</td><td rowspan="3">IP34</td><td colspan="5">—</td><td rowspan="8">3</td><td rowspan="3">IP44</td><td rowspan="10">—</td><td rowspan="5">IP55</td></tr>
<tr><td>机械用舱室(花钢板以下)</td><td colspan="3">—</td><td rowspan="2">IP44</td><td rowspan="2">—</td></tr>
<tr><td>燃油、润滑油等油料分离器室</td><td colspan="3">IP44</td></tr>
<tr><td>压载泵室</td><td rowspan="3">较大的水和机械损伤危险</td><td rowspan="3">IP44</td><td colspan="5">3</td><td rowspan="4">3</td></tr>
<tr><td>冷藏室</td><td colspan="3">—</td><td rowspan="3">3</td><td>—</td></tr>
<tr><td>水洗室、厨卫室</td><td colspan="3" rowspan="2">3</td><td rowspan="2">3</td><td>3</td></tr>
<tr><td>水中结构双层底中的轴隧或管隧</td><td rowspan="2">喷水危险、严重机械损伤、腐蚀性气体</td><td rowspan="2">IP55</td><td>IP56</td></tr>
<tr><td>速冻室、受水机械(舱)室</td><td colspan="5">—</td><td>—</td><td rowspan="2">3</td></tr>
<tr><td>露天场合、结构的受雨面等</td><td>大量浸水的危险</td><td>IP56</td><td colspan="4">3</td><td>—</td><td>IP53</td><td>3</td></tr>
<tr><td>水下</td><td>潜水</td><td>IP68</td><td colspan="5">—</td><td>3</td><td>—</td><td>—</td></tr>
</table>

注1:表中“3”表示按本表第(3)栏中的级别要求,如不能满足表第(3)栏要求时,则应按注2要求,表中“—”表示一般不应安装此种设备。

注2:设备本身不能达到防护要求时,应采用其他措施,或改善安装场所条件来确保本表要求。

注3:本表作为规范做出一般规定,未完全列举符合国家有关标准的所有情形,比如按国家有关标准和规定制造和安装的主配电板和应急配电板,可不按本表规定。

10.2.2 数据采集软件的设计

桥隧结构健康监测系统长期采集的数据集,或在高频方式下采集的监测数据容量巨大。数据容量大小合适与否,直接影响到监测系统识别和分析桥隧结构特征。长期存储海量的采集数据,既增加系统硬件设备的压力,也增加用户抽取数据进行结构分析时的工作量。因此,在采集软件设计时,建议采取如下办法来解决海量数据存储的问题:

a) 设置采集阈值来进行触发采集或存储,即桥隧如应变等被测量波动较小接近噪声时,软件可以设置不采集或不存储、不发送。

b) 设置分时和定时触发采集的机制,即根据桥隧结构特点和监测需求,不进行连续性全时的采集和存储,而是采取分时段来确定采集、存储和发送的策略。

c) 应保证存储设备的安全性和保密性,对设备的操作应形成历史记录备查。宜按附图 29 的设计流程对数据采集软件进行设计。

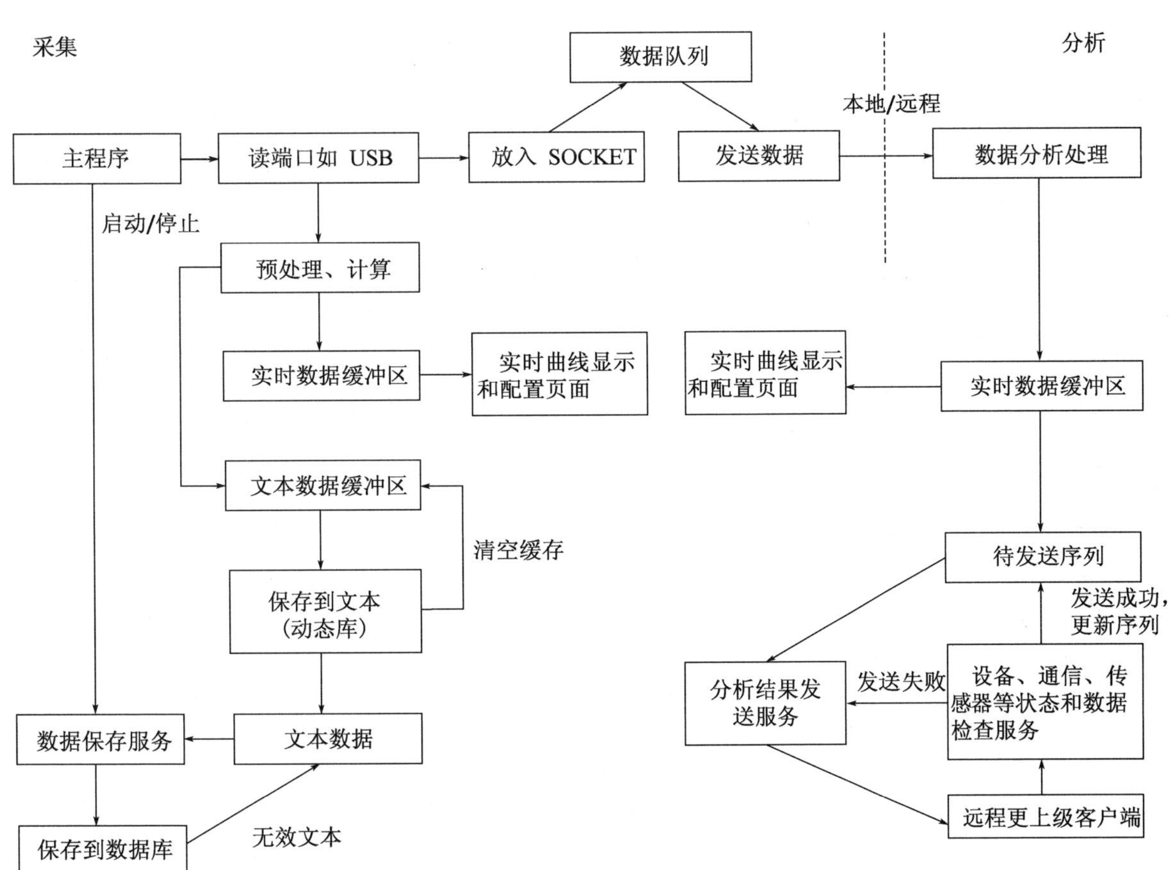

附图 29 某典型数据采集软件的设计流程图

10.2.3 数据采集工作机制的设计

a) 采集模式和采集频率设计。

1) 采集硬件(设备)按照其采集的时间频度、频次和时间间隔等内容,应分为全(实)时采集、定时采集、触发采集和混合采集四种模式。应依照不同被测结构的类型特点和被测物理量对采集数据的具体需求,选择合适的采集模式。各采集模式应能匹配本规范“表 2

结构健康监测系统类别”中系统各时间频次的典型类别要求。需要指出的是，有时受通信、计算机等条件限制，监测系统虽进行全时采集，但是上级分析中心并不进行全时在线分析，而是仅在采集的数据触发某阈值后才上线进行分析，这种情形我们认为此监测系统不属于“全(实)时在线监测”。附表10是各采集模式与本规范第6章中系统类别对应关系的补充说明。

附表10　各采集模式与本规范第6章监测系统时间频度分类之间的补充说明

<table>
<tr><th colspan="2">采集模式</th><th>模式说明</th><th>在本规范中可匹配第6章中监测系统类别设计</th></tr>
<tr><td colspan="2">全时(实时)采集</td><td>采集设备进行全时(实时)连续的采集</td><td>可匹配本规范第6章中表2健康监测系统各类别中“实时在线监测”情形</td></tr>
<tr><td rowspan="2">定时采集</td><td>周期性连续采集</td><td rowspan="2">采集设备进行非全时工作，仅在指定某时间内全时(实时)连续采集，既可以是周期性的，也可以是非周期性的</td><td rowspan="2">可匹配本规范第6章中表2健康监测系统各类别中“周期监测”“巡检”情形</td></tr>
<tr><td>定期或不定期巡采</td></tr>
<tr><td colspan="2">触发采集</td><td>采集数据触发预设阈值时，采集设备进行全时(实时)连续采集</td><td rowspan="2">可匹配本规范第6章中表2健康监测系统各类别中的其他情形</td></tr>
<tr><td colspan="2">混合采集</td><td>采集数据未触发预设阈值时，采用定时采集；触发阈值时，采用触发采集</td></tr>
</table>

2）不采用本规范中所指定的光纤传感器类型。本规范强调的是光纤传感器的“一专多能”特性，但是实际工程中有些情形是被业主指定采用某些其他类型的传感器，或其他类型传感器与本规范所指定的光纤传感器混合使用，对其他类型传感器的使用，应依据该传感器领域的有关规范进行，其采集模式和针对不同被测物理量的采集频率建议见附表11。

附表11　建议的采集模式(非本规范指定传感器)

<table>
<tr><th colspan="4" rowspan="2">采集模式</th><th rowspan="2">全时采集</th><th rowspan="2">定时采集</th><th rowspan="2">触发采集</th><th colspan="2">混合采集</th></tr>
<tr><th>阈值下采用定时采集</th><th>阈值上采用触发采集</th></tr>
<tr><td rowspan="2">情形(1)：被规定或被指定</td><td colspan="3">要求全时采集</td><td>√</td><td></td><td></td><td colspan="2" rowspan="11">阈值的设置依据包括：监测系统需求、待测量的特定和硬件系统的能力等</td></tr>
<tr><td colspan="3">要求非全时采集</td><td></td><td>√</td><td>√</td></tr>
<tr><td rowspan="2">情形(2)：经验推荐</td><td colspan="3">监测系统初运行前三年</td><td>√</td><td></td><td></td></tr>
<tr><td colspan="3">初评估认为结构关键部分异常</td><td>√</td><td></td><td></td></tr>
<tr><td rowspan="7">情形(3)：按照待测量的需求确定</td><td colspan="2"></td><td>建议最低采样频率</td><td></td><td></td><td></td></tr>
<tr><td colspan="2">结构荷载</td><td></td><td></td><td>√</td><td>√</td></tr>
<tr><td rowspan="3">内力</td><td>土压力</td><td></td><td></td><td></td><td>√</td></tr>
<tr><td>锚杆应力</td><td></td><td></td><td></td><td>√</td></tr>
<tr><td>索力</td><td></td><td></td><td></td><td>√</td></tr>
<tr><td rowspan="2">环境中</td><td>车辆荷载</td><td>触发</td><td></td><td>√</td><td></td></tr>
<tr><td>温度</td><td>每分钟1次</td><td></td><td>√</td><td></td></tr>
</table>

附表 11　建议的采集模式(非本规范指定传感器)(续)

<table>
<tr><th colspan="6" rowspan="2">采集模式</th><th rowspan="2">全时采集</th><th rowspan="2">定时采集</th><th rowspan="2">触发采集</th><th colspan="2">混合采集</th></tr>
<tr><th>阈值下采用定时采集</th><th>阈值上采用触发采集</th></tr>
<tr><td rowspan="18">情形(3):按照待测量的需求确定</td><td rowspan="5">环境中</td><td colspan="3">船撞加速度</td><td>50Hz</td><td></td><td></td><td>√</td><td colspan="2" rowspan="18">阈值的设置依据包括:监测系统需求、待测量的特定和硬件系统的能力等</td></tr>
<tr><td colspan="3">风速</td><td>超声仪 1Hz,机械仪 10Hz</td><td></td><td></td><td>√</td></tr>
<tr><td colspan="3">风压</td><td>20Hz</td><td></td><td></td><td>√</td></tr>
<tr><td colspan="3">地震地面运动</td><td>50Hz</td><td></td><td></td><td>√</td></tr>
<tr><td colspan="3">波浪</td><td>20Hz</td><td></td><td></td><td>√</td></tr>
<tr><td rowspan="13">结构整体/局部的参数和响应</td><td rowspan="5">整体参数和响应</td><td rowspan="2">变形</td><td>静态位移</td><td>1Hz</td><td></td><td>√</td><td></td></tr>
<tr><td>动态位移</td><td>1Hz</td><td></td><td></td><td>√</td></tr>
<tr><td colspan="2">加速度</td><td>50Hz</td><td></td><td></td><td>√</td></tr>
<tr><td rowspan="2">动力特性</td><td>整体动力特性</td><td colspan="4" rowspan="2">符合采样定理</td></tr>
<tr><td>局部动力特性</td></tr>
<tr><td rowspan="8">局部参数和响应</td><td rowspan="2">应变(应力)</td><td>静应变</td><td>1 小时 1 个数据</td><td></td><td></td><td rowspan="2">√</td></tr>
<tr><td>动应变</td><td>20Hz</td><td></td><td></td></tr>
<tr><td colspan="2" rowspan="2">静态索力</td><td>压力法 1Hz</td><td rowspan="2"></td><td rowspan="2">√</td><td rowspan="2"></td></tr>
<tr><td>频率法 100Hz</td></tr>
<tr><td colspan="2">支座反力</td><td>1Hz</td><td></td><td>√</td><td></td></tr>
<tr><td colspan="2">裂缝</td><td></td><td></td><td></td><td>√</td></tr>
<tr><td colspan="2">接缝</td><td></td><td></td><td></td><td>√</td></tr>
<tr><td colspan="2">腐蚀、冲刷</td><td>1 小时 1 个数据</td><td></td><td>√</td><td></td></tr>
<tr><td colspan="11">**注 1**:全时、定时和触发模式等级依次递减,"√"表示针对待测量采用采集模式应达到的最低要求,也可以选择上级模式。
注 2:全时模式宜每 90 天进行一次分析处理,仅存储特定时间段内的数据和典型事件信息。</td></tr>
</table>

b) 采集的时间同步性和时间长度。

1) 所谓同步,就是要求通信的收发双方在时间基准上要保持一致。数据采集的时间同步性包括时间同步采集和时间异步采集,其中,同步采集又可依据时间同步误差进一步分类:时间同步误差较小的(一般≤1ms)可认为是严格的同步采集,时间同步误差虽较大但却能达到或接近严格同步采集同等效果的称为伪同步采集。伪同步采集模式,也称为模拟同步采样模式或分组采集模式,适合应用在对某组采集的组内时差要求尽量小,但组和组之间的时间间隔较大的监测场合。比如某监测需求是采集桥隧结构的四个不同区域传感器数据某 1s 内的最大值,假设采集频率是 10Hz,传感器按四个区域分别连接到采集设备的四个通道。由于仅采集最大值,采集设备既可采用严格的同步采集模式,即每 0.1s内都严格的以≤1ms 的时间同步误差同时采集四个通道的数据,然后求最大值;也可以采用伪同步采集模式,即根据信号通道开关的能力,每 0.1s 内轮流对四个通道进行分别采集(每通道先单独采集 0.025s,再进行下一通道的采集),然后求最大值,如此时间同步误差虽然远大于严格同步采集模式的误差,但在实际监测中也能达到监测需求。伪同步采集和异步采集在满足监测需求的前提下,可大幅降低监测系统对采集硬件的性能要求。

2） 需要注意的是，在对重要工程结构、结构的关键部位、结构被评估为异常或危重的部位，以及重要军事设施、核工业设施、航天航空和其他危险领域的设施进行监测系统设计时，应对数据采集的同步性进行高要求设计，应既保证严格的数据响应同步性，也保证严格的数据时间同步性。

10.3 数据的处理

a） 对桥隧等结构进行静态项目监测所采集的数据，求平均值降噪的方法是采集一定时间内的平稳信号片段，以该信号片段的平均值作为代表值；进行动态项目的监测所采集的数据，应通过在数据采集设备自身硬件中、数据采集终端或数据分析处理终端的软件中加入数字滤波器的方式对信号进行滤波降噪处理，数字滤波器的设置可以依据监测系统的现实条件而确定。宜使用EMD（empirical mode decomposition）经验模态分解法，对信号进行消除趋势项处理。EMD方法的特点是能够对非线性、非平稳过程的数据进行线性化、平稳化处理，而且在分解的过程中保留了数据本身的特性。EMD方法的思路是，对采集数据进行绘图，对波形的上、下包络的平均值确定“瞬时平衡位置”，把复杂信号的函数分解为有限的IMF函数（intrinsic mode）之和。在结构振动信号消噪、模态参数识别中，EMD方法被广泛应用。

b） 应采用模拟滤波器和数字滤波器相结合对噪声进行抑制。其中模拟滤波器主要是硬件层面的，通过设计和选用带有硬件滤波功能的设备（可嵌入各级采集设备、数据处理设备的终端硬件中，或额外扩展专门的滤波设备）来实现；而数字滤波器多以各级设备终端、上位机中的软件预置来实现。在软件设置中可通过改变数字滤波器的滤波流程和相应的参数，即可实现不同的滤波效果。

c） 数字滤波器可包括但不限于平均值滤波器、中值滤波器、低通数字滤波器、高通数字滤波器和带通数字滤波器等，还可将典型的模拟滤波器的原理进行数字化处理，集成到软件中供用户选择。可集成的典型滤波器包括但不限于巴特沃斯（Butterworth）滤波器、切比雪夫（Chebyshev）滤波器、贝塞尔（Bessel）滤波器和椭圆（Ellipse）滤波器等。应根据监测系统对数据处理的具体需求来进行滤波器设计。

d） 数据预处理应进行滤波降噪。方法一般包含低通滤波、带通滤波、高通滤波和数据平均处理等。实际监测中，数据采集系统和数据分析处理系统有多种组合形式，比如有的监测系统将数据采集设备、数据处理（预处理、后处理）设备、数据分析设备进行上下级布置，各级间通过网络传输连接；而有的监测系统会将数据采集、处理到分析都集中在本地同一个终端中。同样的，在滤波器的设计和配置上，有的监测系统会分别对数据采集设备、数据处理设备、数据分析设备都有单独的滤波器设计和配置；而有的监测系统会将数据采集、处理到分析设备进行统一的综合设计和配置。因此应根据监测具体需求来对滤波器进行设计和选用，其原则是应遵循最大限度滤除噪声和最大限度保留有用信号。采集数据中的噪声多属于高频信号时，此类信号宜在数据预处理阶段就采用低通或带通类型的数字滤波器进行滤波；对于振动模态分析的监测场合，应在数据的分析处理阶段对结构的振动信号进行分析，应对其结构静态成分（趋势项）利用处理软件的频谱分析滤波功能进行消除（即去趋势项处理）。

e） 桥隧等交通工程结构一般以车辆荷载为主要激励形式，其监测系统所采集到的含噪数据信息一般混杂了三类数据信息：一类是车辆荷载产生的静态应变效应（即趋势项）；二类是车辆速度效应及路面不平顺引起的结构振动效应（即振动信号）；三类是由各级硬件设备等产生的噪声信号。针对被测结构不同的监测目的和不同被测物理量的特性，应采用如下具有针对性的滤波方法：

1） 对高频噪声信息，应选用低通或带通类型的滤波器去除高频噪声。

2） 在需进行桥隧等结构的模态提取时，应消除趋势项和噪声信号，仅保留结构的振动响应信号。

3） 在利用应变影响线理论进行结构性能评估时，应消除桥梁结构振动信号和噪声信号，仅保留结构的应变趋势项成分。其中应变趋势项的提取或去除主要有两个方法：一是利用三种信号的频谱特征（趋势项的频率成分接近0，振动信号的频率成分属于低频特征，噪声信号的频率成分属于高频特征）进行滤波分析；二是采用HHT（黄－希尔伯特变换）原理进行动静态分离，其核心方法即经验模态分解（EMD），能使复杂信号分解为有限个固有模态函数（IMF），相对于其他滤波方法而言，其最大的优势是便于处理非平稳信号；三是根据具体应用范围，综合应用上述两种方法和近年来发展起来的各类小波分析方法进行滤波。

10.4 数据的传输（通信）

数据的传输（通信）按照功能可以分为内场（传感器现场）传输和外场（远程）传输。数据通信与传输应按硬件、软件和工作机制的内容进行设计和实施。应坚持“因地制宜”的原则，尽量利用现有的网络条件搭建传输线路，数据应在内外场的整个传输网络间实现传输和共享，应匹配各设备终端的数据接口，传输宜采用成熟的数据接口和协议，如TCP/IP协议，数据传输故障时还应有告警和修复机制，传输的同步应匹配时间基准和数据传输速度的需求，满足实时性要求。传输硬件应注意各级设备间的软硬件兼容匹配，应考虑对传输硬件提供足够防护，尽量选用户外型的工业级的设备和线缆，优先采用有线形式的电缆和光纤（光缆）连接，条件允许时可建立专人专管的线路和结构健康数据监控中心，不允许时可利用现有的如桥隧维护管养部门的各类监控中心，当传输距离较远布线困难时，可采用无线通信的传输形式。

10.4.1 数据通信与传输的硬件设计

a） 本规范的特点是主要采用各类光纤传感器和成熟的数据通信网来进行结构健康系统的搭建，硬件的性能设计应符合监测系统对数据的具体需求和国际国内相关标准。在满足监测系统需求的前提下，性能指标设计宜预留一定的冗余度，硬件宜预留一定的可扩展空间，以便于匹配可能提高的监测要求。所主要运用的数据通信与传输硬件见附表12。

附表12 主要采用的通信与传输硬件

<table>
<tr><th colspan="2">本标准主要采用的传输硬件</th><th>主要关注指标</th><th>备注</th></tr>
<tr><td rowspan="9">设备仪器</td><td>数据发射器</td><td rowspan="4">应满足监测需求</td><td rowspan="14">符合国际和国家的相关标准</td></tr>
<tr><td>接口转换器和多路复用器</td></tr>
<tr><td>集线器、交换机、路由器</td></tr>
<tr><td>光端机</td></tr>
<tr><td rowspan="5">光适配器（耦合器）</td><td>方向性</td></tr>
<tr><td>工作波长</td></tr>
<tr><td>带宽</td></tr>
<tr><td>平坦度</td></tr>
<tr><td>均匀性</td></tr>
<tr><td rowspan="5">线缆</td><td rowspan="3">光缆</td><td>光损</td></tr>
<tr><td>速率</td></tr>
<tr><td>传输距离</td></tr>
<tr><td>网线</td><td rowspan="2">应满足监测需求</td></tr>
<tr><td>通信电缆</td></tr>
</table>

b） 传输硬件性能、安置与防护、组网拓扑方法等在设计时应满足监测系统具体需求，同时应符合国际和国家相关标准的规定，见附表13。

附表13　传输硬件各类目设计应遵守的有关规范

<table>
<tr><th colspan="2">类　目</th><th>应满足监测需求</th><th>应符合相关标准</th></tr>
<tr><td rowspan="2">硬件性能（规格、指标）</td><td>设备（仪器）</td><td rowspan="2">应满足各级终端对数据传输的基本要求</td><td rowspan="6">应符合国际和国家相关标准，如《国际综合布线标准》（EIA-TIA568）、《综合布线系统电气特性通用测试方法》（YD/T 1013—2013）、《数据中心的电信基础设施标准》（TIA-942）和我国C・TEAM的《数据中心布线系统的设计与施工技术白皮书》等</td></tr>
<tr><td>线缆</td></tr>
<tr><td rowspan="2">安置和防护</td><td>设备（仪器）</td><td>传输设备安置防护应符合本规范中场所和防护有关要求</td></tr>
<tr><td>线缆</td><td>线路的保护应满足相关国际和国家规范</td></tr>
<tr><td colspan="2">线路组网拓扑</td><td>应满足监测系统各部分的拓扑结构和数据传输要求</td></tr>
</table>

c） 线路的布设拓扑应依据监测系统具体需求、传感器类型和其传输距离衰减性能、各级采集设备的传输能力、各场所和通信网络的现有条件以及施工现场条件等进行综合性的设计。传输线路的拓扑结构应符合国际和国家相关标准的要求，如《数据中心的电信基础设施标准》（TIA-942）和我国C・TEAM的《数据中心布线系统的设计与施工技术白皮书》等都为组网布线提供了详尽的工程指导。拓扑设计时应考虑结构健康监测系统和各结构、电气、机电、通信、安全等多方面的协调，需按相关标准设计安全可靠、高效便利的传输子系统。

d） 监测系统的通信与传输网络可以采用多种拓扑结构，这种拓扑可以是结构群与结构群间、结构群与单体结构间、传感器网络与采集站（仪）间或各采集站（仪）间（对应本规范条文说明10.2.1节的"采集设备分布方式设计"）、同级的数据处理终端间或数据分析中心和上级设备间。从拓扑结构来看，通信与传输网内部的各结构群，各单体结构，单体结构内的各采集（处理）站（仪）、各类数据终端，甚至网络交换机都可以称为节点。典型的拓扑结构有6种，如附图30所示。

1） 总线结构通常采用广播式的信道，即网上的一个节点（主机）发信时，其他节点均能接收总线上的信息，如附图30a）所示。

2） 环形结构采用点到点通信，即一个节点将信号沿一定方向传送到下一个节点，在环内依次高速传输，如附图30b）所示。为了可靠运行也常使用双环结构。

3） 星形结构中有一中心节点（集线器）执行数据交换网络控制功能，如附图30c）所示。这种结构易于实现故障隔离和定位，但它存在瓶颈问题，一旦中心节点出现故障，将导致网络失效。为了增强网络可靠性，应采用容错系统，设置备用的中心节点。

4） 树形结构的连接方法也称层型结构，像树一样从顶部开始向下逐步分层分叉，如附图30d）所示。这种结构中执行控制功能的节点常处于树的顶点，在树枝上很容易增加节点，扩大网络，但同样存在瓶颈问题。

5） 网状结构的特点是节点的用户数据可以选择多条路径传输网络，通信网的可靠性高，但网络结构和协议复杂，如附图30e）所示。目前大多数复杂交换网都采用这种结构。

6） 当网络节点为交换中心时，常将交换中心互连成全连通的网状结构，如附图30f）所示。

e） 由于集线器（HUB）和双绞线大量应用，使得树形网、星形网以及多级星形网获得了广泛使用。树形网、星形网是总线网的变形，也可以说是总线网的一种扩展。在结构健康监测系统设计中，只要条件允许，都应优先采用环形结构的拓扑方式，并使用光纤（光缆）组建环网，应优先使用单模光纤（光缆）组网，按照通信领域的有关规范和工艺要求来布设网络。

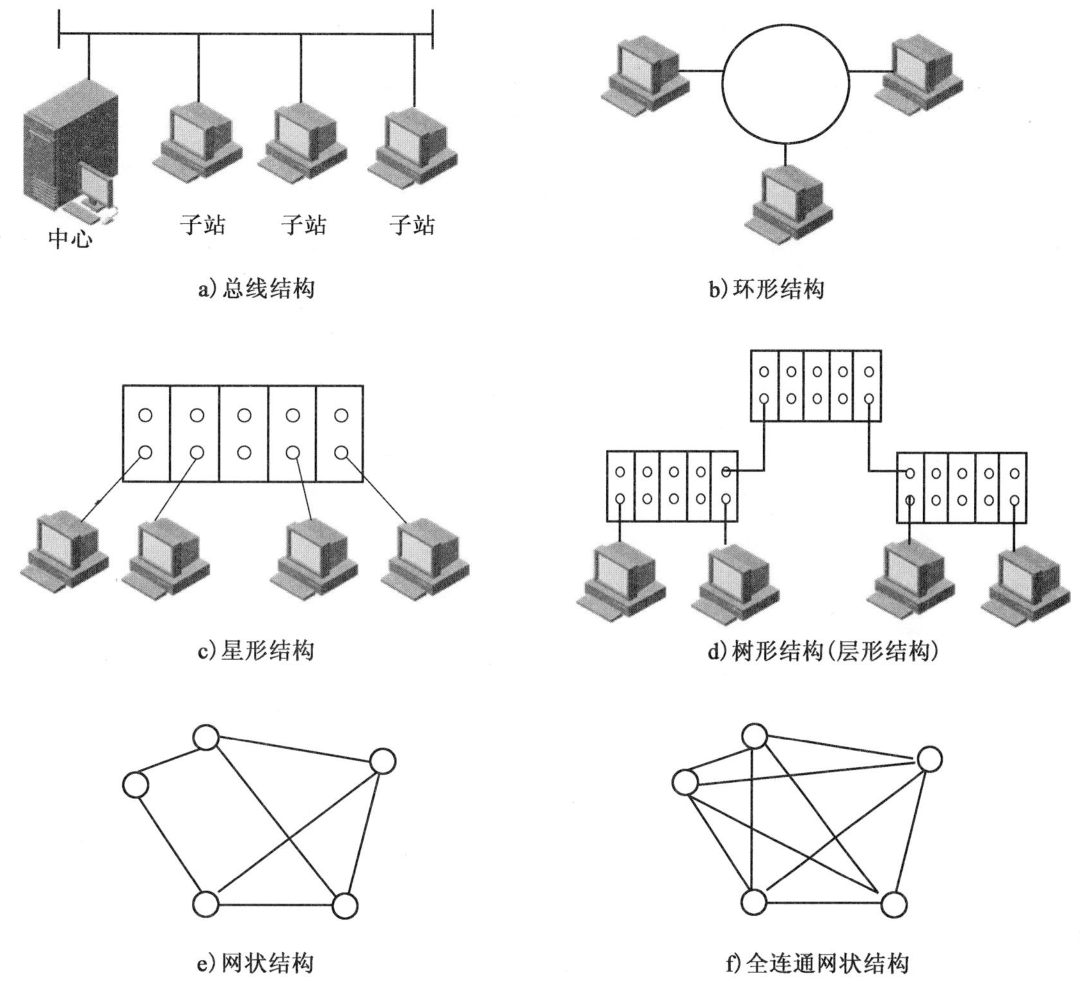

a) 总线结构　b) 环形结构　c) 星形结构　d) 树形结构(层形结构)　e) 网状结构　f) 全连通网状结构

附图 30　典型的 6 种拓扑结构

f)　数据通信与传输的组网按不同的分类角度,可按附表 14 进行分类。

附表 14　数据传输网分类

<table>
<tr><th>分类方式</th><th>覆盖范围</th><th>类　别</th><th>备　注</th></tr>
<tr><td rowspan="3">按覆盖范围分</td><td>几十到几千千米</td><td>广域网 WAN(Wide Area Network)</td><td>也称远程网</td></tr>
<tr><td>几千米</td><td>局域网 LAN(Local Area Network)</td><td>一般仅覆盖一个单体结构</td></tr>
<tr><td>街区、城市之间</td><td>城域网 MAN(Metropolitan Area Network)</td><td>也称都市网,可连接多个 LAN</td></tr>
<tr><td rowspan="4">按交换方式分</td><td colspan="3">电路交换网</td></tr>
<tr><td colspan="2">分组交换网</td><td>也称 X.25 网</td></tr>
<tr><td colspan="3">帧中继网</td></tr>
<tr><td colspan="3">异步传送模式 ATM</td></tr>
<tr><td rowspan="2">按公用对象分</td><td colspan="3">专用网</td></tr>
<tr><td colspan="3">公用网</td></tr>
<tr><td colspan="4">注:结构健康监测系统宜利用结构已有的数据通信网络进行组网搭建,单体结构一般多采用局域网。</td></tr>
</table>

10.4.3 数据通信与传输的工作机制

a) 同步就是要求通信的收发双方在时间基准上保持一致。传输同步按基准分类如下：

1) 基于信号的同步技术。采用基于时钟同步模块的时钟频率共享技术，各级终端设备中装有时钟同步模块，再用有线介质将各个设备相连，以其中之一作为主模块，其余的作为从模块。主模块内部的时钟信号通过电缆同步从模块内部的时钟信号。各级终端设备时间戳的同步应采用同一网络时间服务器。

2) 基于时间的同步技术。系统各部分具有一个公共的时间基准作为参考，可以基于该基准时间生成事件、触发和时钟。对于长距离传输，可以利用包括 GPS、NTP、IEEE 1588 和 IRIG-B 等各种时间的参考基准，借助绝对定时实现传输数据的关联与同步。

b) 传输同步的速度要求如下：

1) 异步传输是以字符为单位进行传输，传输字符之间的时间间隔可以是随机的、不同步的。但在传输一个字符的时段内，收发双方仍需依据比特流保持同步，所以也称为起-止式同步传输。异步传输方式实现简单，但需在每个字符的首尾附加起始位和停止位，因而它的额外开销大，传输效率低。这种方式主要用于低速传输的设备。如附图 31 所示。

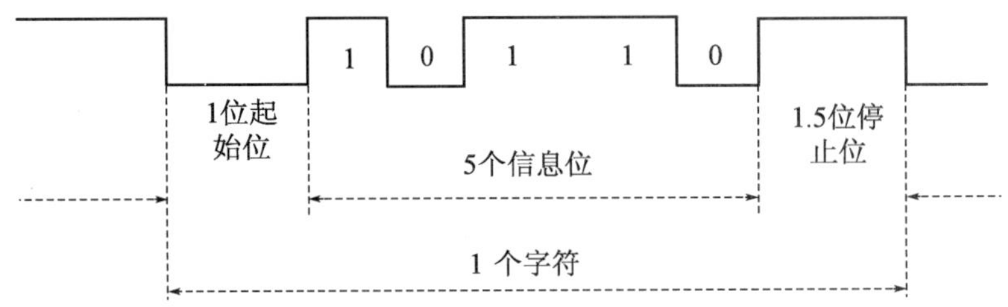

附图 31 异步传输的字符结构

2) 同步传输是指在一组字符(数据包、帧)之前加入同步字符，同步字符之后可以连续发送任意多个字符。同步方式中，数据传输额外开销小，传输效率高。但是同步方式实现复杂，传输中的一个错误将影响整个字符组(而异步传输中的同样错误只影响一个字符的正确接收)。这种方式用于高速传输的设备。如附图 32 所示。同步传输和异步传输的详细区别见附表 15。

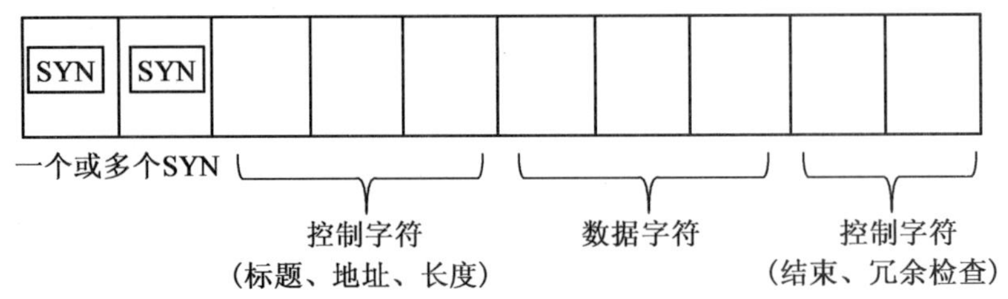

附图 32 同步传输的数据包、帧组成

附表 15 同步传输和异步传输的区别

对比项	异步传输(或伪同步传输)	同 步 传 输
适用场合	低速传输	高速传输
面向对象	字符	位
传输单位	字符	数据包、块

附表 15　同步传输和异步传输的区别（续）

对比项	异步传输(或伪同步传输)	同 步 传 输
同步的严格性	传输通过传输字符的“起止位”和“停止位”而进行收发双方的字符同步,但不需要每位严格同步	不但需要每位精确同步,还需要在数据块的起始与终止位置,进行一个或多个同步字符的双方字符同步的过程
传输效率	低	高
传输速度	低	高
传输设备	要求较低,价格稍低	要求较高,价格较高

c) 有线传输和无线传输的选择。

1) 有线传输是指两个通信设备之间使用物理连接,将信号从一方传到另一方。常用的介质有双绞线、同轴电缆和光缆等,常用的接口有 RS232、RS422、RS485 和 RJ45 等。

2) 无线传输是指两个通信设备之间不使用任何物理连接,将信号通过空间传输的一种技术。通常可分为无线广域通信网(无线公网)和无线局域通信网两种方式。无线广域通信网络可采用 GPRS 和 CDMA 等方式;无线局域通信网可采用如 TCP/IP、ZIGBEE、蓝牙等传输协议。

3) 数据传输系统中应设计数据备份机制,以保证在传输线路故障时数据的完整性和可靠性。宜设置多卡槽的数据存储介质或以其他方式保证数据质量,目的是对存储介质的数据进行读写时,仍能保证高质量的连续采集和存储,以满足不间断连续采集和传输的监测需要,存储介质的容量应满足结构健康监测的具体需求。

d) 数据通信传输质量控制。

1) 光纤传感桥梁结构健康监测关系着人民生命财产的安全和工程施工的正常开展,涉及的传感器种类繁多、数量庞大,此外对于重点工程或重点时期(初建成前 3 年、被预评估某构件出现危重异常、业主指定特别关注某结构状态、地震、台风、洪水等)需要进行全天时观测,存在海量数据的传输问题。各级数据通道必须确保高效率无差错的传送。若将海量数据整体传输必然导致可靠性下降,且任何一种通信线路上都不可避免受到一定程度的干扰,尤其在恶劣的施工环境下。信道噪声所造成的后果是接收端接收的数据与发送端不一致,即造成传输差错。为避免传输差错,应采取数据传输质量控制机制。

2) 通信设备之间任何实际应用信息总是伴随着一些控制信息的传递,他们按照既定的通信协议工作,将应用信息安全、可靠、高效地传送到目的地。

3) 应根据系统前端传感器单位时间采集的数据量大小,结合设计的传输实际通信能力,对数据进行分包处理,以包为单位实施传输。在通信中,“包”(Packet)和“帧”(Frame)的概念相同,均指通信中的一个数据块。串行通信的数据格式有面向字符型的数据格式,如单同步、双同步、外同步;以“包”“帧”为单位传输的机制,每包根据需要可全部或部分采用以下六个部分组成,分别是标志区、地址区、控制区、信息区、帧校验区和标志区。采用“包”为单位传输机制后,为避免数据传输过程中因电源、信号中断或干扰造成的“包”丢失现象,相应的数据传输硬件(软件)设计中应使用应答模式,即引入检校-重发-补发机制进行误码控制。校验方法有奇偶校验和循环冗余校验(Cyclic Redundancy Check),接收端将计算得到的奇偶校验(循环冗余校验)的校验码与数据包包含的校验码进行比较,二者一致,接收端给发送端确认信息,继续发送下一数据包;若校验不合格,接收端发送相应信息,要求发送端重新发送该数据包。两种校验方法可根据结构健康监测系统所进行的监测项目的具体数据要求进行选用：

(1) 对传输数据质量要求不高或数据传输量较小的场合宜采用奇偶校验。奇偶校验是在传送字符的各位之外，再传送1位奇校验位或偶校验位，分别为奇校验方式或偶校验方式。奇偶校验不能纠错，但发现错误后可以要求重发。

(2) 对数据质量要求较高或数据传输量较大的场合，宜采用循环冗余校验校验(Cyclic Redundancy Check)，简称CRC校验，采用除法及余数的原理进行错误侦测。常用的循环冗余校验码位数有8、16、32位，大型结构健康监测系统的数据通信设计时，宜采用16位的循环冗余校验校验。校验过程可简单描述为：在发送端根据要传送的 k 位二进制码序列，以一定的规则产生一个校验用的 r 位监督码(CRC码)，附在原始信息后边，构成一个新的二进制码序列数共 $k+r$ 位，然后发送出去；在接收端，根据信息码和CRC码之间所遵循的规则进行检验，以确定传送中是否出错。

10.5 数据存储管理

数据的存储管理子系统在整个监测系统中起着承前启后的作用。存储与管理子系统为种类繁多、复杂的采集、处理、分析的各类数据提供集中的存储手段，直接或间接地为结构评估系统的评估需求及结构管养部门的决策提供依据；同时子系统还存储反映结构各结构参数的“历史”演变记录，这些“历史”记录对于深入了解结构的质量演变规律，进而可验证结构的设计参数、改进设计和施工的方法、提高设计和施工水平，具有极好的参考价值。

10.5.1 数据库的功能及设计原则

a) 数据库设计应满足：①可靠性；②先进性；③开放性；④可扩展性；⑤标准性；⑥经济性；⑦数据共享性；⑧数据库存储、管理和操作的对象是海量的数据，进行系统数据库设计时需要根据传感器数量、采样频率、监测时间等因素估计数据库的容量，保证数据有效的存储和使用，从整体上应考虑系统设计的合理性；⑨综合数据：对转换好的数据，根据系统的要求进一步综合成最终数据。

b) 数据库的设计基本要求。应设计数据库系统在使用时能支持在线实时数据处理分析、离线数据处理分析以及两种工作方式的混合模式。在线实时数据处理分析包括对实时采集的数据进行处理和分析，用户处于在线工作状态。离线数据处理分析则主要是对某一时段以前的存档数据进行处理和分析。

c) 数据库数据装载应包括数据的筛选、输入、校验、转换和综合等主要步骤，具体如下：

   1) 筛选数据。原始数据可能存在于各个部分中，首先应将需要入库的数据筛选出来。

   2) 输入数据。系统应提供输入界面，将原始数据输入到计算机中。

   3) 校验数据。系统应采用多种检验技术，保证输入数据的正确性，防止非法的、不一致的错误数据进入数据库。

   4) 转换数据。对于不符合数据库要求的数据，应进行数据格式转换。

d) 数据精度要求。交通基础设施的监测数据以及分析数据的精度应满足监测目的，并根据结构特性、监测内容确定。

e) 查询数据的响应级别应为毫秒级，分析结果及可视化等方面应能满足实际使用的要求。

f) 在对数据库系统进行选型时，宜考虑下列因素：

   1) 系统支持对海量数据的高效管理机制。

   2) 异常情况下的容错功能。

   3) 系统恢复功能。

   4) 系统应支持分布式数据管理功能，包括分布式数据存储、复制、数据透明访问等。

g) 数据库系统在异常情况下的容错功能可按下列内容进行评价：
   1) 有无操作系统故障、网络故障硬件的容错。
   2) 有无磁盘镜像处理功能软件的容错。
   3) 有无应用软件异常情况的容错功能。

10.5.2 数据库设计的功能要求

a) 数据库系统应是一个实时运行的，集数据存储、查询、维护和分析于一体的软件系统。应是存储介质、处理对象和管理系统的集合体。数据库系统应由软件、数据库和管理员组成。其软件应主要包括操作系统、应用程序以及数据库管理系统。数据库应由数据库管理系统统一管理，数据的导入、修改和检索均要通过数据库管理系统进行操作。管理员应负责创建、监控和维护整个数据库，使数据能被授权用户有效使用。应将采集系统所采集到的实时数据和历史数据提供给数据处理系统进行处理，并供评估系统对数据进行分析，最终将处理及分析结果进行保存以便查询。
b) 数据库功能应包括以下内容：
   1) 监测设备管理。监测设备应包括对环境信息、荷载信息、结构反应信息和结构形态信息进行监测的传感器以及采集子站和采集总站设备；监测设备管理应包括传感器及采集设备（包括采集子站和总站）的添加、更换、状态查询以及故障检测等功能。传感器设备宜按照监测信息内容和功能进行分类管理。故障检测包括定时轮询检测及报警，用户可根据实际设定检测及报警周期。
   2) 监测信息管理。应包括监测信息的自动导入，即将采集的数据通过传输模块进行预处理后导入到数据库中，再以图形或文件形式导出数据和历史监测信息的查询。数据导出的目的是便于为专业分析软件工具进行进一步的数据分析。
   3) 结构模型信息管理。应提供结构的基本参数和评估分析所需要的计算机数值模型，结构模型信息描述了进行评估分析时所需要的模型。当分析模型有所改进时，系统应支持利用新的评估模型进行分析的机制。
   4) 评估分析信息管理。应提供评估准则、保存评估结果并供查询统计。评估分析模块依据监测数据和结构模型对结构进行定量或定性的分析，并依据一定的准则评估结构的性能。评估准则本身应可以添加、修改或删除。
   5) 数据转储管理。应支持海量数据的归档以及相应的元数据管理。归档的数据可以存储在大容量存储设备中并应支持使用时的可访问性。数据转储主要利用数据库管理系统自身提供的归档功能进行数据归档。归档使用的大容量存储设备应包括大容量磁盘、光盘、磁带等二级存储设备。
   6) 用户管理。应支持用户权限的定义和分配功能，可根据用户的权限来操作不同模块，提供基于角色的用户组管理、用户授权、注册账号和认证管理等。用户管理内容如下：
      (1) 用户角色定义。用户角色用来将系统使用的各种用户按照一定的业务要求划分为不同的角色，系统操作权限可以按照角色进行操作授权，同一种角色可以包含多个用户。通过角色授权以简化系统对用户管理的复杂度。
      (2) 用户属性定义。数据库管理系统应给出每个用户与角色相关的属性，如用户标识、角色组等，并应保证每个用户在数据库管理系统和其他系统中信息一致。
      (3) 用户标识。数据库管理系统要能成功地标识每个用户，对注册到数据库管理系统中的用户进行标识。用户标识信息是公开信息，一般以用户名和用户 ID 实现。为了管理方便，可将用户分组，也可使用别名。无论用户名、用户 ID、用户组还是用户别名，都要遵守标识的唯一性原则。

(4) 标识信息管理。应对用户标识信息进行管理、维护，确保其不被非授权地访问、修改或删除。

(5) 用户鉴别。数据库管理系统要能成功地鉴别每个用户，对登录数据库管理系统的用户身份进行真实性鉴别。通过对用户所提供的鉴别信息进行验证，证明该用户确有所声称的某种身份，这些鉴别信息应是保密、不可伪造的。

(6) 鉴别失败处理。数据库管理系统应检测到与鉴别事件相关的不成功的鉴别尝试，当不成功鉴别尝试的次数达到或超过了定义的界限时，安全功能应终止会话建立的进程。

(7) 访问历史。在会话成功建立的基础上，数据库管理系统应显示用户上一次不成功会话尝试的日期、时间、方法、IP 地址等，以及从上一次成功会话建立以来的不成功尝试次数。

7) 系统安全管理。应提供系统运行环境的网络安全管理和安全保护、数据库的容灾备份机制、敏感信息标记以及用户使用日志审计等功能。数据库系统安全管理应有相应的硬件、软件和人员来支持。系统安全包含两层含义：第一层是指系统运行安全，系统运行通常受到的威胁包括一些网络不法分子通过网络入侵计算机系统使系统无法正常启动，或让系统超负荷运行以及其他损坏系统硬件设备的破坏性活动；第二层是指系统信息安全，系统信息通常受到的威胁包括黑客对数据库入侵，修改或窃取系统内的资料。因此系统安全既要考虑对数据库管理系统的安全保护，也要考虑对数据库管理系统中数据信息的保护（包括以库结构形式存储的用户数据信息和以其他形式存储的由数据库管理系统使用的数据信息）。所以系统安全保护的功能要求从系统安全运行和信息安全保护两方面综合进行考虑。

(1) 网络安全管理与安全保护主要指系统运行的外部安全环境，一般包括网络管理软件和安全保护系统。前者用于防止外部用户入侵系统所在的网络，后者则主要是各种防病毒软件。

(2) 数据库容灾备份主要防止系统因一些不可抗因素导致硬件设备的损坏而采取的备份策略，建议有条件的地方建立异地容灾备份机制。

(3) 敏感信息标记用于标识数据库系统中需要特别保护的数据或对象，依据使用方式的不同可以标识为公开、秘密、机密和绝密四个等级。敏感信息的安全设置一般由系统安全员进行设置。对于支持有效期的各种安全属性，数据库管理系统的安全功能应限制授权管理员规定有效期的能力。数据库管理系统的安全功能应支持授权管理员对有效期后所采取的活动做出规定。

(4) 用户使用日志审计。一般由系统审计员进行审计，审计内容涉及一般信息与敏感信息操作使用的历史，以便追踪信息被破坏、泄漏的原因。

(5) 数据库系统安全管理还应考虑硬件、软件和人员方面的要求：

① 由于数据库存放大量数据，数据库管理系统自身体积大，因此对硬件资源提出了较高要求，主要包括：应有足够大的内存来运行操作系统、数据库管理系统核心模块和应用程序及数据缓冲区；应有大容量的直接存储设备和用作数据备份的存储介质；应有较高的数据传输能力，应尽量降低因安全策略（如加密传输、事务处理）的实施带来的附加开销，保证系统的可用性；应实现某些安全功能（如数据加密/解密）可能需要附加硬件及对附加硬件的管理。

② 在软件方面，操作系统及接口的安全应为数据库管理系统的安全提供支持。

③ 人员管理方面，数据库管理系统应有专门的安全管理机构和人员设置。

8) 预警信息管理。应具备预警信息处理功能，并能将各种预警信息以电子邮件和短信等形式通知相关人员。预警信息处理包括监测信息预警机制以及相应处理措施的描述信息等。

c) 当突然停电、出现硬件故障、软件失效、病毒或严重错误操作时,系统应提供恢复数据库的功能,如定期转存、恢复备份、回滚等,使系统将数据库恢复到损坏以前的状态。

10.5.3 数据库的架构组成

a) 数据库的组成应与数据库的功能相对应。数据库按主题宜划分为监测设备数据库、监测信息数据库、结构模型信息数据库、评估分析信息数据库和用户数据库等。

1) 监测设备数据库的内容应包括设备标识、设备名称、所属子站、几何位置、设备功能、出厂参数、安装时间、采样频率、警戒值、运行状况、维修记录等。

2) 监测信息数据库应包括监测到的原始环境信息、荷载信息、结构反应信息、结构形态信息以及原始数据经简单处理后的附加信息。各种原始监测信息的记录应能满足监测目的。

(1) 环境信息的内容应包括气压、风速和风向、环境温度和太阳辐射强度、湿度、腐蚀。

(2) 荷载信息的内容宜包括风压、地面加速度、车辆荷载、结构温度。

(3) 结构反应信息的内容宜包括结构位移、速度、加速度、应变、倾角、沉降。

(4) 结构形态信息宜包括结构的几何坐标或线形。

(5) 原始数据经简单处理后的附加信息应包括所有光纤传感器的通道号、通道内编号、中心波长、能级。

(6) 风速和风向属于环境信息,而风压是直接作用在结构上的风荷载;环境温度属于环境信息,构件温度与温度作用直接相关。各类原始信息和附加信息的记录存储依监测内容而异。风速宜记录3s极值风速、10min平均风速、每小时平均风速、风玫瑰图、风谱图;地面脉动加速度应记录时程曲线、功率谱;车辆荷载应记录轮轴重量、总重、数量、车辆类型;环境温度和太阳辐射强度应记录每小时信息,统计日月年的最高温度、最低温度及温差;结构加速度应记录存储时程曲线、功率谱;静态应变、位移、倾角宜与环境温度同步记录;混凝土应变应记录徐变和收缩;结构坐标包括三个方向的几何坐标。

3) 结构模型信息数据库的内容应包括结构设计图纸、基本设计参数、结构分析所需要的有限元模型等。

4) 评估分析信息数据库的内容应包括评估所采用的准则和方法,评估时的主体、时间、参数、对象、结果和报告。评估主体指评估人员或操作人员。评估结果以定期和以专题事件为单位的方式记录;定期记录指每个月、季度或年的分析评估结果;专题事件记录指突发事件(如地震、台风等)发生后的专题分析评估结果。

5) 用户数据库的内容应包括用户名、用户标识、用户组、个人信息等。

b) 数据库应建立在清晰、简明、标准化的数据元上,保证用户方便、快速、准确地检索到所需的信息。其中数据元是最小的不可再分的信息单位,是一类数据的总称,是对数据对象的抽象。

c) 数据元标准应包括数据元的定义、命名(标识)和一致性。信息分类是根据信息内容属性,将信息按一定的原则和方法进行区分和归类,并建立起一定的分类系统和排列顺序,以便管理和使用信息。信息编码是在信息分类的基础上,将信息对象赋予有一定规律的、易于计算机和用户识别与处理的符号。传感器信息宜根据传感器的类型分类并根据所在空间位置或所属子站编码。比如某光纤应变传感器的一个通道的编码可按附表16进行编码(子站信息宜根据子站所在空间位置编码)。

附表 16　某典型光纤传感器在数据库内的通道编码

×××(如 FBG)	××	××	××	×
↓	↓	↓	↓	↓
光纤传感器类型	子站编号	监测点位置	传感器位置	传感器通道或方向
(3 个字母或 2 位数字)	(2 位数字)	(2 位数字)	(2 位数字)	(1 位数字)

d) 监测单位应遵照"国际标准、国家标准、行业标准和企业标准"来建立适合结构物实际情况的健康监测信息分类与编码标准,应做好名词俗语的标准化,确定信息分类与编码对象、编码原则和编码表标准。

10.5.6　数据库的运行管理

a) 数据库的工作环境应满足下列要求:
   1) 数据库管理系统应处于安全的物理环境。对数据库管理系统资源的处理应限定在一些可控制的访问设备内,防止未授权的访问。系统硬件和软件应受到保护以免未授权用户的物理修改。
   2) 应有一个或多个能胜任的授权用户来管理数据库管理系统和它所包含信息的安全。管理员应经过一定培训,以便能正确有效地建立和维护安全策略。被授权的管理员应严格遵从系统管理员文档的要求进行操作,不会蓄意破坏数据库管理系统,不会蓄意违反操作规程。授权用户具备必要的授权来访问由数据库管理系统管理的少量信息。
   3) 数据库管理系统应在系统管理员的配置下能正常运行,用户可通过网络远程访问和使用数据库管理系统。应对不同级别的授权用户提供对应其级别的适当服务。

b) 在应用程序调试完成后,应对数据库进行试运行操作,在此期间应做好数据库的备份和恢复工作。数据库试运行包括功能测试和性能测试:
   1) 功能测试。实际运行应用程序,执行各类数据库操作,检验各种功能是否正确无误,是否满足设计要求。
   2) 性能测试。测量系统的性能指标,检验是否符合设计指标。
   3) 在数据库试运行阶段,由于系统还不稳定,软硬件故障随时都可能发生,因此应做好数据库的备份和恢复工作。

c) 在数据库运行一段时间后,由于数据记录的不断增、删、改,会使数据库的物理存储质量下降,从而降低数据库存储空间的利用率和数据的存取效率,使数据库性能下降;数据库管理系统应可选自动或管理员人工方式对数据库进行重组织,或部分重组织。同样,随着数据库的应用环境的变化,可能会导致实体或对象发生变化,从而不得不适当调整数据库的模式,这时数据库管理软件应具备自动或手工对数据库进行重新构造的功能。数据库的维护应符合下列规定:
   1) 数据库管理员应针对不同的应用要求制订不同的数据备份计划,定期对数据库和日志文件进行备份,以保证一旦发生故障,能利用数据库备份和日志文件备份,尽快将数据库恢复到某种一致性状态,并尽可能减少数据库的丢失。
   2) 数据库管理员应根据用户的实际需要授予其不同的操作权限。在数据库运行过程中,宜根据环境的变化适当调整原有的安全性和完整性控制,以满足用户要求。
   3) 数据库管理员应借助数据库管理系统的系统性能监测工具来监督系统运行状态,判断当前系统是否处于最佳运行状态;否则,需要通过调整某些参数来进一步改进数据库性能。
   4) 数据库管理员在必要时应借助数据库管理系统提供的实用程序对数据库进行重组织和

重新构造。数据库管理系统应对重构数据库功能提供管理员人工设置或软件自动处理的选项。

11 结构状态参数与损伤识别

11.2 结构模态参数识别

11.2.1 基本假定

a) 结构是线性系统,即其动力特性可以由二阶微分方程表示,其响应对振动具有叠加性。

b) 结构是时不变系统,即其特性(质量、刚度和阻尼等)不随时间而改变。

c) 结构是稳定系统,即系统对有限激励将产生一个有限的响应,也就是系统满足傅氏变换和拉氏变换的条件。

11.2.2 频率识别

a) 结构自然频率识别一般采用傅立叶变换的方法获取,应变时程中尽量采用车辆荷载激励附近段的时程,提高信号中振动信息含量,提高解析可靠度。

b) 对于风荷载等随机激励工况下,可采用多次测量取均值,以提高识别精度。

11.2.3~11.2.5 振型识别

结构应变模态振型识别的方法如下。

1) 通过对各监测单元应变时程实施傅立叶变换后,相同自然频率下的幅值之间的比例关系就代表了结构的某阶应变模态振型,模态向量 $\boldsymbol{\Psi}$ 如下式:

$$\boldsymbol{\Psi}=\{\varphi_1^r,\varphi_2^r,\cdots,\varphi_i^r,\cdots,\varphi_n^r\}^{\mathrm{T}}=\left\{\frac{\varepsilon_1^r}{\varepsilon_{\mathrm{R}}^r},\frac{\varepsilon_2^r}{\varepsilon_{\mathrm{R}}^r},\cdots,\frac{\varepsilon_i^r}{\varepsilon_{\mathrm{R}}^r},\cdots,\frac{\varepsilon_n^r}{\varepsilon_{\mathrm{R}}^r}\right\}^{\mathrm{T}} \tag{3}$$

式中:ε_i^r——第 i 个单元的应变在第 r 阶模态下的幅值;

$\varepsilon_{\mathrm{R}}^r$——参考单元的应变在第 r 阶模态下的幅值。

2) 上述方法的应变模态振型识别分为三个步骤,具体说明如下。

第 1 步:选择参考传感器。分布式传感网络的 n 个传感器分为两大类,一类是参考传感器,另一类是普通传感器。确保参考传感器位于损伤发生概率最小的位置。原则上至少选择一个参考传感器,最好多个,以防止某个参考传感器因所在位置发生损伤而无法提供"参考"的不利情况。

第 2 步:采集并初步处理数据,获得应变模态向量 $\boldsymbol{\Psi}$。假设被监测结构上安装的分布式传感网络包括 n 个传感器,则基于上述硬件系统,n 条长标距应变时程的原始数据被记录。根据测量数据处理的一般原则,初步判断数据的有效性,分析异常数据产生的原因。结合对动态激励形式的确定,按照试验模态分析求取特征向量的方法,构建分布式长标距应变模态向量。

第 3 步:参数的实时图形再现及目标特征的确定。假设考虑 M 个参考传感器,则普通传感器有 $(n-M)$ 个。设计一图形用户界面(GUI),该界面可以直接或者经切换显示$[(n-M)M]$个坐标图,其中坐标图以某个参考传感器的模态向量分量为 x 轴,某个普通传感器的模态向量分量为 y 轴。每进行一次测量,所有坐标图上都显示一个对应点。以其中一个坐标图为例,在一个时间段内重复多次测量后,多个点被记录。考虑测量噪声的影响时,对这些测量点进行线性拟合,所得直线的斜率记为该时间段的目标特征,也即应变模态振型指标;将这些指标汇成向量就是带有统计特征的模态向量 $\boldsymbol{\Psi}$。

11.2.6 阻尼比识别

a) 在冲击振动荷载下,将测得的输入(激励信号)和输出(应变时程信号)作傅立叶变换,由输出和输入的比值得到频响函数,利用半功率带法可以得到阻尼比。

b) 在环境激励荷载下,输入很难准确测定,故测试结果只有应变时程响应,由于噪声的影响,需要对原始数据进行滤波、加窗等预处理,然后选定一个参考单元,求其余单元的应变时程信号与参考单元的互相关函数,最后进行傅立叶变换得到环境激励下缩放的频响函数,根据峰值法可以识别频率和阻尼。

11.3 变形识别

11.3.2 获得曲率的方法主要有两种:一是直接测量法,就是在单元截面不同高度上分别布设应变传感器,利用应变比例关系或应变—高度坐标点可直接求解中和轴位置,即应变为零的位置,再依据应变和对应的中和轴高度计算曲率;二是结构解析法,在工程实际中往往只在梁底布设应变传感器,也就是说只能获得一个应变—高度坐标点,无法直接获得截面的中和轴位置,通过建立单元(截面)的纤维模型,将监测应变输入到模型里,可以解析出中和轴位置,然后再计算曲率。具体几种情况如下:

a) 单元截面高度上只布设一个传感器时,可采用以下方法:

1) 建立单元纤维模型。

2) 将监测应变输入纤维模型,计算单元中和轴高度。

3) 通过下式计算曲率:

$$\phi = \frac{\varepsilon}{h} \tag{4}$$

式中:ϕ——曲率;

ε——监测应变;

h——传感器距离中和轴的高度。

b) 单元截面高度上布设两只传感器时,宜先通过应变计算单元的中和轴位置,公式如下:

$$y_1 = \frac{|\varepsilon_1|}{|\varepsilon_1 - \varepsilon_2|} d \tag{5}$$

式中:ε_1——传感器 1 的监测应变;

ε_2——传感器 2 的监测应变;

y_1——传感器 1 距离中和轴的高度;

d——传感器 1 和传感器 2 之间的距离。

将获得的中和轴高度代入上述式(4)中计算曲率。

c) 对于单元截面高度上布设多个传感器的情况,宜以每个传感器所处的截面高度坐标作为纵坐标,应变作为横坐标,在坐标平面图上描点,并对这些点实施线性拟合,在纵坐标轴上的截距就是中和轴的位置,再用上述式(4)计算曲率。

d) 纤维模型的基本原理如下:

1) 将纤维模型用于受弯结构的分析,其基本概念是将结构的截面划分成若干纤维层,如附图 33 所示,在已知结构材料特性和几何形状的情况下,并假定某纤维条带的应变,再根据平截面假定,可计算各纤维条带的应变及其应力,而弯曲断面内应满足所有作用力合力为零的静力平衡条件,即$\sum N = 0$。即知道某纤维单元的应变,就可计算整个截面的受力。因此,通过各单元的实测应变演算各断面的弯矩、曲率、转角以及结构位移、荷载等参数。

2) 利用纤维模型进行结构解析计算的基本步骤如附图 34 所示:假定某初始中和轴高度 h_0,结合平截面假定和已测量的某纤维层的应变计算截面的应变分布,根据材料特性计算截面的应力分布,计算截面的合力$\sum N$,判断$\sum N$是否为零,如果$\sum N$是零,则表示中和轴为真实中和轴,如果$\sum N$不等于零,则需要重新假定中和轴高度,重复上述计算过程,直到满足$\sum N = 0$;利用中和轴和截面应变计算截面曲率和转角,利用应力分布计算截面弯矩和荷载;利用曲率分布计算结构的位移。

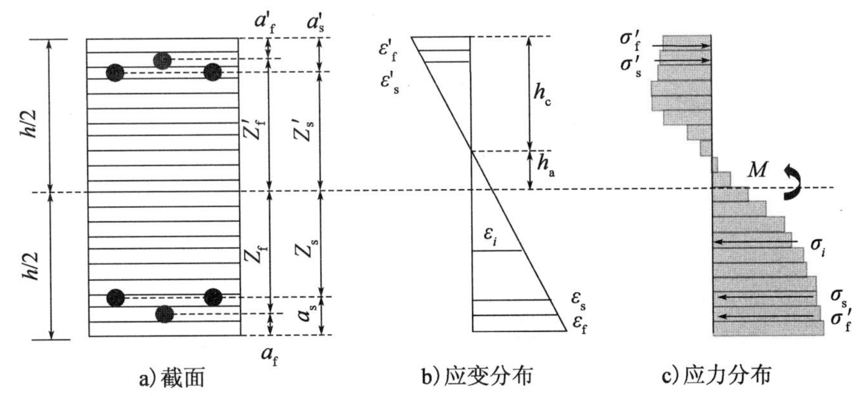

附图 33　截面的纤维模型

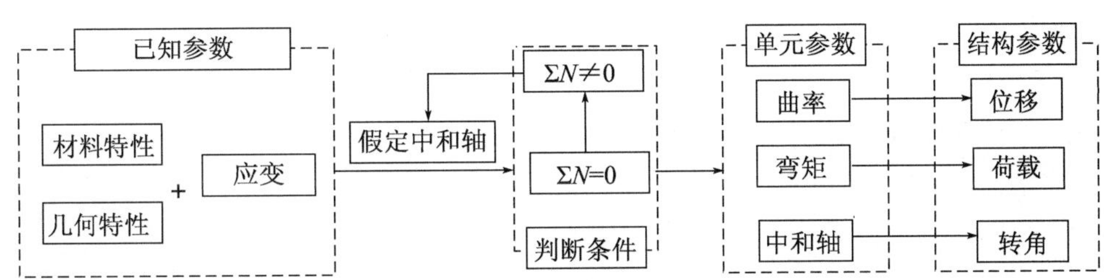

附图 34　基于纤维模型反演结构参数的流程

11.3.3　挠度识别可采用下列方法:

a)　由应变计算挠度可采用共轭梁法,该方法的基本步骤为:

1)　提出原始梁的共轭梁模型。

2)　求解共轭梁的等效荷载,即原梁的曲率分布。

3)　计算共轭梁的弯矩分布。

4)　将弯矩分布等值变换成挠度值。

计算中应满足以下要求:①获得沿结构的应变全分布,可分为两种情况:第一,采用长标距光纤传感器全面覆盖监测结构,直接测量结构所有单元的应变;第二,采用长标距光纤传感器全面覆盖监测结构的关键区域,其他区域的应变应采用应变重构技术,对于静态应变宜采用线插的方法,而动态应变宜采用应变模态和位移模态之间的关系进行重构。②计算中,单位应采用国际统一单位。

b)　由应变计算挠度可采用纤维模型有限元法,该方法的基本步骤为:

1)　利用纤维模型建立受弯梁(柱)的有限元模型。

2)　将监测应变输入纤维模型,计算结构的弯矩分布。

3)　将弯矩施加到有限元模型上,计算结构的挠度。

11.3.4　倾角识别可采用下列方法:

a)　倾角识别可采用直接测量计算法。柱式结构的倾角分为弯曲转角和刚体位移产生的转角,如附图 35 所示,计算公式如下:

$$\theta = \theta^1 + \theta^2 \tag{6}$$

式中:θ——结构倾角;

θ^1——结构的弯曲倾角;

θ^2——结构的刚体位移倾角。

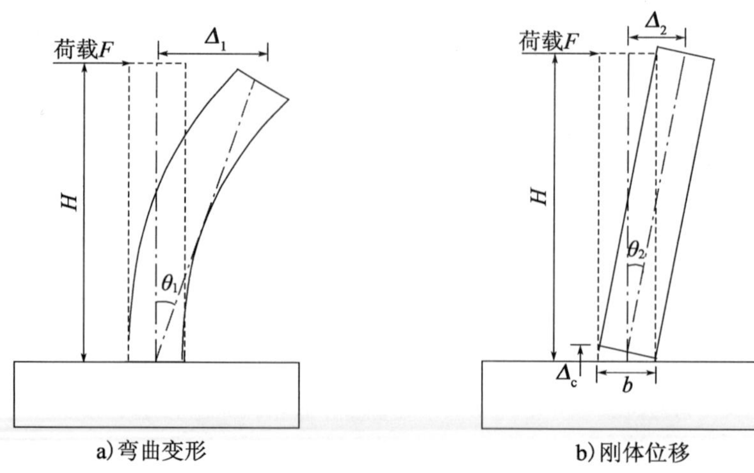

a)弯曲变形　　b)刚体位移

附图 35　结构倾角的类型

$$\theta^1 = \sum_{i=1}^{n} \theta_i = \sum_{i=1}^{n} \phi_i L_i \tag{7}$$

式中：θ_i——第 i 个监测单元的相对转角；

ϕ_i——第 i 个监测单元的曲率；

L_i——第 i 个监测单元的长度。

$$\theta^2 = \frac{\Delta_c}{b} \tag{8}$$

式中：Δ_c——柱角裂缝宽度；

b——柱截面宽度。

对于裂缝较小的情况，可忽略刚体位移的影响，只计入 θ^1。

b) 倾角识别还可采用共轭梁法。该方法的基本步骤为：

1) 提出原始梁的共轭梁模型。

2) 求解共轭梁的等效荷载，即原梁的曲率分布。

3) 计算共轭梁的剪力分布。

4) 将剪力分布等值变换成倾角。

11.4　刚度识别

11.4.2　结构的抗弯刚度变化可采用纤维模型解析法。该方法的基本步骤为：

a) 基于各种材料的本构关系建立监测单元或截面的纤维模型。

b) 将监测应变输入纤维模型，解析中和轴位置。

c) 计算单元或截面的抗弯刚度。

11.4.3　本条文中的动态方法是直接利用应变模态的变化来计算刚度的变化，而应变模态的测量与荷载大小无关。在实际中，单元弯曲刚度的变化将引起相应位置应变模态的变化（增加），模态增加的量与刚度变化的量具有显著的对应关系。基于理论和实验验证，吴智深研究团队建立了应变模态和刚度变化之间的关系式。理论建立过程如下：

由材料力学的知识可以表示出截面弯矩与刚度、曲率的关系，同理，这种关系可以推广至单元，即一定标距长度范围内，如下式所示：

$$M_i(t) = (EI)_i \frac{\bar{\varepsilon}_i(t)}{h_i} \tag{9}$$

式中:$M_i(t)$、$(EI)_i$、h_i、$\bar{\varepsilon}_i(t)$——第 i 个监测单元的弯矩均值、抗弯刚度均值、传感器到中和轴的平均距离和单元的平均应变(应变)。

对公式(9)进行频谱分析,得到模态弯矩的表达式为:

$$M_i(\omega) = \int_{-\infty}^{+\infty} M_i(t)\mathrm{e}^{-i\omega t}\mathrm{d}t = \frac{(EI)_i}{h_i}\int_{-\infty}^{+\infty} \bar{\varepsilon}_i(t)\mathrm{e}^{-i\omega t}\mathrm{d}t = \frac{(EI)_i}{h_i}\bar{\varepsilon}_i(\omega) \tag{10}$$

选择第 r 个单元作为参考单元,则归一化的模态弯矩可表示为:

$$M_{ir}(\omega) = \frac{M_i(\omega)}{M_r(\omega)} = \frac{(EI)_i}{h_i}\frac{h_r}{(EI)_r}\frac{\bar{\varepsilon}_i(\omega)}{\bar{\varepsilon}_r(\omega)} = \lambda_{ir}\bar{\varepsilon}_{ir}(\omega) \tag{11}$$

$$\lambda_{ir} = \frac{(EI)_i}{y_i}\frac{y_r}{(EI)_r} \tag{12}$$

式中,λ_{ir}定义为刚度系数,仅与目标单元和参考单元的截面物理属性相关。一般情况下,选定的参考单元没有损伤发生,即参考单元的刚度特性没有变化,则 λ_{ir}可只表示目标单元的刚度变化。

由既有研究发现,对于没有损伤发生的单元,其归一化的应变模态坐标 $\bar{\varepsilon}_{ir}(\omega)$是不会发生变化的。因此,对于公式(11)易知,归一化的模态弯矩 $M_{ir}(\omega)$将保持常数。对于损伤单元来说,假设归一化的模态弯矩 $M_{ir}(\omega)$也将保持不变。已确定在局部损伤发生前后,非损伤单元的弯矩没有发生变化,如果损伤单元的弯矩发生较大变化,必然是由于在损伤处出现了集中的力偶。但是,出现集中力偶的情况是不合理的,因此,可以假设在公式(11)中归一化的模态弯矩是常数,与单元是否损伤无关。

对于损伤前后,公式(11)可进一步表示为:

$$\lambda_{irO}\bar{\varepsilon}_{irO}(\omega) = \lambda_{irD}\bar{\varepsilon}_{irD}(\omega) \tag{13}$$

或

$$\frac{(EI)_{iD}}{(EI)_{iO}} = \frac{h_{iD}\bar{\varepsilon}_{irO}(\omega)}{h_{iO}\bar{\varepsilon}_{irD}(\omega)} \tag{14}$$

式中,下标“O”表示损伤前的状态,而下标“D”表示损伤后的状态。由此,公式(14)可实现单元刚度的量化评估,并且只和中和轴位置与应变模态的变化有关。对公式(14)进一步简化如下:

$$\alpha = \frac{\bar{\varepsilon}_{irD}(\omega)}{\bar{\varepsilon}_{irO}(\omega)} - 1,\qquad \beta = \frac{h_{iD}}{h_{iO}} - 1,\qquad K^r = \frac{(EI)_{iD}}{(EI)_{iO}} - 1 \tag{15}$$

则公式(14)表示为:

$$K^r = \frac{1+\beta}{1+\alpha} - 1 \tag{16}$$

式中:α、β——应变模态坐标和中和轴高度变化;

K^r——单元的抗弯刚度变化。

11.5 结构模型修正

11.5.1 结构模型修正就是通过对结构有限元模型的部分参数进行修正,使得实测的结构特征参数与理论计算参数之间尽量吻合。根据试验加载方式和已知响应信息类型的不同,结构有限元模型修正分为基于动力(利用频率、振型等信息)和基于静力(利用位移、应变和曲率等信息)的方法。前者获得信息的方式比较方便,如直接在交通荷载下获得动态响应,受交通限制条件少,但是测量精度、对损伤敏感度等一直受到工程界质疑。相反,静态方法获取的数据可信度高,试验过程简单,容易被工程师接受,但因静载试验费用高、对交通影响大等缺点,发展受到一定限制。

11.5.2 本条文中采用动、静态应变测量的方法,相应地解析出其他结构参数,如应变模态、频率、振型、挠度、曲率等,再将这些参数用于模型修正。条文中的方法注重不同类型参数合理搭配使用,如应变模态(应变)对局部刚度变化引起的损伤敏感,可用于修正这类损伤引起的模型变化;而频率(挠度)对支座损伤等这类损伤敏感,用于修正这类参数变化。同时,动力修正存在自身的局限,就是动力参数往往只有前几阶,修正后的模型也一般适用于这几阶的动力预测,与实际情况差异大。因此,条文中建议尽量使用动静态结合的模型修正方法。

11.6 损伤识别

11.6.2 本条文中的静力间接法的基本步骤为:

a) 选取合适的参考传感器,要求该位置结构发生损伤的概率比较小。

b) 在结构初始状态下,采用统计学的方法,建立结构各位置或单元的应变初始比值关系。

c) 在正常荷载作用下,统计、比较各位置或单元的应变比值关系,如果数值变化(增大)显著(如超过5%),则对应位置或单元发生损伤。

11.6.3 动力指纹法

a) 基于长标距应变模态向量统计数据方法进行结构的损伤识别,其具体步骤为:

1) 选择参考传感器,并安装于损伤发生概率最小的位置,可选择1~3个参考传感器。

2) 采集并初步处理数据,获得某一次的归一化长标距模态应变信息。

3) 多次测量,通过统计分析获得描述目标特征的长标距应变模态向量。

4) 基于特征向量,实施结构损伤识别。

b) 曲率模态法,与应变模态方法步骤类似,在损伤识别过程中直接输入曲率。

c) 应变模态能量法的基本步骤为:

1) 从测量的动应变提取结构模态应变。

2) 对模态应变实施质量的归一化处理。

3) 将归一模态应变代入公式(17)计算各单元(i 单元)的损伤识别指标 β_i。

4) 根据指标的变化识别结构损伤情况,如果 $\beta_i > 0$,则有明显损伤发生。

$$\beta_i = \frac{\sum_{r=1}^{m}(\bar{\delta}_{ir}^{d})^2 L_i / \sum_{i=1}^{n}(\bar{\delta}_{ir}^{d})^2 L_i}{\sum_{r=1}^{m}(\bar{\delta}_{ir})^2 L_i / \sum_{i=1}^{n}(\bar{\delta}_{ir})^2 L_i} - 1 \tag{17}$$

式中:$\bar{\delta}_{ir}$、$\bar{\delta}_{ir}^{d}$——分别为损伤前后归一化的第 i 单元的 r 阶模态应变;

n——目标单元的数量;

m——测量的模态总阶数;

L_i——第 i 单元的长度。

d) 应变模态柔度法的基本步骤为:

1) 从测量的动应变提取结构的模态应变。

2) 对模态应变实施质量的归一化处理。

3) 将归一的模态应变代入公式(18)计算结构的模态柔度矩阵 F^{ε}。

4) 将矩阵对角主元素取出,构建损伤识别向量 F_{ii}^{ε},如公式(19)所示。

5) 比较损伤识别向量的前后相对变化,如公式(20)所示,向量元素变化超过5%的则对应位置发生显著损伤。

$$F^{\varepsilon} = \sum_{r=1}^{m} \frac{1}{\omega_r^2} \{\bar{\delta}_{1r} \cdots \bar{\delta}_{ir} \cdots \bar{\delta}_{nr}\}^{\mathrm{T}} \{\bar{\delta}_{1r} \cdots \bar{\delta}_{ir} \cdots \bar{\delta}_{nr}\} \tag{18}$$

$$F_{ii}^{\varepsilon} = \{F_{11}^{\varepsilon} \cdots F_{ii}^{\varepsilon} \cdots F_{nn}^{\varepsilon}\}^{\mathrm{T}} \tag{19}$$

$$\Delta F_{ii}^{\varepsilon} = \frac{F_{ii}^{\varepsilon d} - F_{ii}^{\varepsilon u}}{F_{ii}^{\varepsilon u}} \tag{20}$$

式中:$\bar{\delta}_{ir}$——质量归一化的第 i 单元的 r 阶模态应变;

ω_r——结构 r 阶频率；

n——目标单元的数量；

m——测量的模态总阶数。

符号 d 和 u 分别表示损伤发生后和损伤发生前。

11.6.4 本条文中疲劳损伤识别的基本步骤为：

a) 依据材料试验、设计资料或经验，建立目标钢结构的应力—寿命曲线。

b) 基于监测的应变，统计各幅值区间的应力及相应的出现次数，绘制应力谱。

c) 结合应力—寿命曲线和累计损伤理论，识别结构的疲劳损伤。

11.6.5 纤维模型解析法的基本步骤为：

a) 根据设计资料选择合适的材料模型，建立结构纤维模型。

b) 将截面不同位置的应变输入模型中，以钢筋面积为变量参数进行迭代计算，直至截面平衡方程满足。

c) 比较原始钢筋面积和计算钢筋面积，分析钢筋的腐蚀程度。

11.6.6 应力差法的基本步骤为：

a) 基于平截面假定，利用结构表面混凝土的应变计算钢筋位置的混凝土应变。

b) 比较钢筋实测应变和计算的混凝土应变，利用差值识别钢筋的锈蚀损伤。

11.7 内力识别

a) 受弯构件内力计算应包括下列内容：

1) 结构构件应按传感布设方式进行传感单元截面划分。

2) 对全域长标距传感布设时，应按传感单元个数对构件进行传感单元截面划分。

3) 对局域长标距传感布设时，应根据实测传感单元在构件上位置和尺寸，对构件进行传感单元截面划分。

4) 对传感单元截面内应变分布迭代计算确定的中和轴高度。

5) 传感单元截面内各部件应力值应根据各传感单元截面内应变分布。

b) 传感单元截面内力计算，可按下式计算：

$$N_i = \sum_{j=1}^{n} \sigma_{cj} \Delta A_{cj} + \sum_{j=1}^{n} \sigma_{sj} \Delta A_{sj} \tag{21}$$

式中：σ_{cj}、σ_{sj}——传感单元截面内第 j 层对应的混凝土和钢筋的应力；

ΔA_{cj}、ΔA_{sj}——传感单元截面内第 j 层对应的混凝土和钢筋的面积。

c) 对传感单元截面内各部件进行应力计算，当传感器直接覆盖在部件时，其应变值应按实际测量值采用；当传感器未直接覆盖在部件时，其应变值应按拟合计算值采用。

d) 在确定传感单元截面时，传感单元截面应沿轴法线方向分布。受弯构件的传感单元截面总个数不宜少于 8 个。

e) 在确定截面内应变分布时，在截面内应从压缩侧到张拉，以微小间隔将截面划分为数层次，总层数不宜少于 50。受拉区和受压区的应变分布采用两个相似直角三角形进行拟合。当间层高度大于钢筋直径时，应进一步缩小间层高度，以获得足够计算精度。

11.8 荷载识别

a) 应变识别移动荷载应满足下列条件：应变响应值的信噪比足够大，保证车辆荷载引起的应变响应占信号的成分达到 90% 以上；应变响应分为车辆静载响应和动力响应两部分，识别移动荷载时应剔除动态响应的部分，保证识别的精度，常用的方法有 HHT、小波等滤波方法。

b) 应变识别移动荷载的方法原理如下：

1） 弯矩计算法。通过应变时程可判断应变的位置，利用监测应变反算结构截面上的应变分布，再计算截面弯矩，利用弯矩和荷载之间的关系反算荷载。

2） 影响线面积法。计算移动荷载通过结构时的应变时程积分面积，该面积与单位荷载下的影响线面积的比值就是移动荷载的大小。

c） 荷载识别结果的应用如下：

1） 可基于荷载识别结果统计结构所受荷载的规律（随时间、空间等的分布变化规律）。

2） 可基于荷载识别结果预测结构的变形和内力分布，并进行结构设计校核。

12 结构性能评估与预测

12.1 一般规定

a） 对交通工程的结构进行安全预警与性能评估的目的包括：首先是要对结构健康状况进行诊断，探测其有无异常出现，并根据需要作出预警，以便引起工程管理部门及养护部门，甚至是用户的注意，及时采取相应的措施来规避可能的风险；其次，在结构长期运营过程中，其结构性能会由于多种原因产生退化，通过对结构性能情况的长期持续评估，则可以分析其性能退化规律，寻求其退化的主要原因，有助于准确把握结构存在的本质病害；再者，在掌握结构性能退化规律的基础上，可以对结构将来的性能发展情况作出预测；最后，结构性能评估与预测的一个很重要目的是要对结构进行合理的管养和维护，结构管养的计划并不是一成不变的，而是要根据结构的性能状态水平和预测情况不断调整实施。

b） 在结构的性能评估中，需要充分运用从结构健康监测系统中获取的监测数据，以及结构检测（包括初期检测、周期性检测和特殊检测）的数据和分析报告，进行分析、评估和预测。对于基于监测数据的评估可设定合适的评估基准进行评估分析。结构性能评估及预测的总体流程如附图36所示。

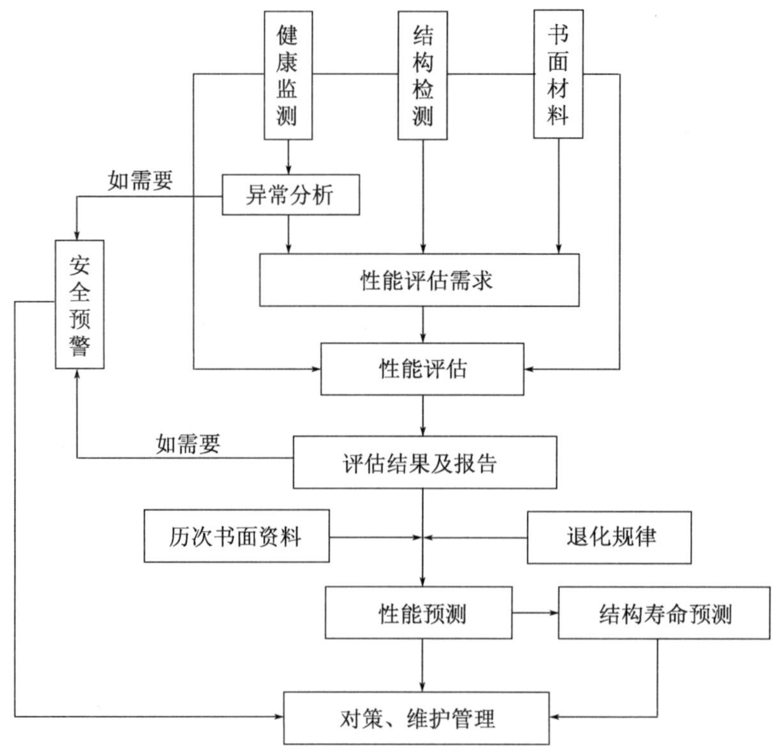

附图36 结构性能评估及预测流程图

12.2 异常分析与预警

12.2.1～12.2.4 结构健康监测需要对结构的健康状态进行持续监测，由于结构的健康状态会在结构的一些特征参数、损伤指标等状态参数上反映出来，因此判断结构是否出现不健康的一个基本方法是探测结构的状态参数是否出现异常，如果出现了异常变化，则一般可认为是结构本身出现了问题，在此基础上可对结构进行安全预警和进一步性能评估等工作。

结构各性能都有其一定的范围，一旦超过这个范围，则结构必定出现问题，因此如果基于监测数据发现某个关键参数或指标超过了极限值，则有大概率预示着结构出现了问题，可以直接进行报警，以规避可能发生的风险。这种情况常发生在诸如地震、台风、洪水等自然灾害或是船撞、超载等突发性事故。另外，考虑到结构的严重损伤甚至失效所引起的状态异常必定不止一个，因此可以同时考察多个状态参数和损伤指标，以增加判断的可靠性。

在很多情况下，结构的性能退化是一个逐步退化的过程，在恶劣天气、自然灾害或恶性事故中出现损伤，通常不会立刻出现致命性的严重损伤，但会引起结构在状态上的异常，这些异常程度往往不一定会达到极限警戒线，在这种情况下，可以设定合理的异常范围，如异常超过一定的值，则预示着结构出现了一些问题，则可考虑进行安全预警。

12.2.5 本条文对结构异常分析的具体方法进行了说明，使得其更具操作性。

12.2.6 用于判断结构异常的状态参数和性能指标将直接来源于监测数据，但不限于监测物理量本身，也包括通过监测数据推理演化得到的一些特征性指标。本条文列举了一些常用的结构异常分析与性能评估所用的参数指标，其中一些基于应变或应变分布的反演识别可参考本规范第 11 章内容。

12.2.7 结构的异常分析与安全预警根据结构的状态参数和损伤指标来确定。当监测指标超过极限警戒值则直接进行报警，而当监测指标没有达到极限监测值，但也超过了某个值(或某一程度)时，则说明结构出现了异常，需要进行预警。因此对于结构的异常分析和安全预警需要针对相关指标设定两个阈值，一个为极限警戒值，另一个为预警值。这两个值需要根据结构的设计值、相关现行规范所规定的容许值，并结合结构的重要性等因素综合确定。一般来说，预警触发值的确定，对于如加速度等对损伤不敏感、变化比较小的全局变量指标，可取超过正常范围的 5% 对应的值，应变等比较敏感的局部指标可取超过正常范围的 10% 对应的值，对于一些离散性大的变量可取超过正常范围 15% 对应的值。另外，也可根据极限警戒值进行一定比例的缩小或放大来确定，如应变预警值取极限报警值的 80%，具体取值可视具体情况综合多种因素进行确定。

a) 对于桥梁结构的裂缝极限警戒值可根据《公路桥梁承载力检测评定规程》(JTG/T J21—2011)中规定的裂缝限值确定(附表 17)。

附表 17 桥梁裂缝限值表

结构类别	裂缝部位	允许最大缝宽(mm)	其他要求
钢筋混凝土梁	主筋附近竖向裂缝	0.25	
	腹板斜向裂缝	0.30	
	组合梁结合面	0.50	不允许贯通结合面
	横隔板与梁体端部	0.30	
	支座垫石	0.50	
全预应力混凝土梁	梁体竖向裂缝	不允许	
	梁体横向裂缝	不允许	
	梁体纵向裂缝	0.20	

附表 17　桥梁裂缝限值表（续）

<table>
<tr><th>结构类别</th><th colspan="3">裂缝部位</th><th>允许最大缝宽(mm)</th><th>其他要求</th></tr>
<tr><td rowspan="3">A 类预应力混凝土梁</td><td colspan="3">梁体竖向裂缝</td><td>不允许</td><td></td></tr>
<tr><td colspan="3">梁体横向裂缝</td><td>不允许</td><td></td></tr>
<tr><td colspan="3">梁体纵向裂缝</td><td>0.20</td><td></td></tr>
<tr><td rowspan="3">B 类预应力混凝土梁</td><td colspan="3">梁体竖向裂缝</td><td>0.15</td><td></td></tr>
<tr><td colspan="3">梁体横向裂缝</td><td>0.15</td><td></td></tr>
<tr><td colspan="3">梁体纵向裂缝</td><td>0.20</td><td></td></tr>
<tr><td rowspan="3">砖、石、混凝土拱</td><td colspan="3">拱圈横向</td><td>0.30</td><td>裂缝高小于截面高一半</td></tr>
<tr><td colspan="3">拱圈纵向</td><td>0.50</td><td>半裂缝长小于跨径 1/8</td></tr>
<tr><td colspan="3">拱波与拱肋结合处</td><td>0.20</td><td></td></tr>
<tr><td rowspan="8">墩台</td><td colspan="3">墩台帽</td><td>0.30</td><td rowspan="7">不允许贯通墩台身截面的一半</td></tr>
<tr><td rowspan="5">墩台身</td><td rowspan="2">经常受侵蚀性环境水影响</td><td>有筋</td><td>0.20</td></tr>
<tr><td>无筋</td><td>0.30</td></tr>
<tr><td rowspan="2">常年有水，但无侵蚀性影响</td><td>有筋</td><td>0.25</td></tr>
<tr><td>无筋</td><td>0.35</td></tr>
<tr><td colspan="2">干沟或季节性有水河流</td><td>0.40</td></tr>
<tr><td colspan="3">有冻结作用部分</td><td>0.20</td><td></td></tr>
<tr><td colspan="6">注：表中所列除特殊要求外适用于一般条件。对于潮湿和空气中含有较多腐蚀性气体等条件下的缝宽限制应要求严格一些。</td></tr>
</table>

b）对于桥梁结构整体位移，应同时考虑桥梁结构的塔顶位移（如有）和主梁位移。对于塔顶位移，采用不含恒载的设计最不利荷载组合下斜拉桥塔顶纵桥向和横桥向的极限位移值作为极限警戒值；比较本年与前一年对应月份纵桥向和横桥向位移的月统计分布，计算出两个分布之间的差异度，根据近三年斜拉桥的塔顶位移监测值计算差异度，得到统计分布之间差异较大时对应的塔顶位移差异度，作为塔顶位移的异常触发值。对于主梁挠度，采用已考虑温度、荷载等多种因素下采用不含恒载设计最不利荷载组合的结构高程值作为极限警戒值；采用温度与主梁挠度相关曲线在置信水平为 0.95 的上限值，即荷载试验时的最大下挠值作为异常触发值。

c）对于主梁梁端位移采用设计允许的梁端位移最大值作为梁端位移的极限警戒值，采用伸缩缝厂家给定的允许最大累计位移行程值作为异常触发值。

d）对于静态应力，可采用一阶可靠度方法计算出可靠度指标 $\beta=4.6$ 作为极限警戒值，$\beta=6.0$ 作为异常触发值。

e）对于动应力，采用雨流计数法得到各测点所测动应力的标准日应力谱，结合 S-N 曲线计算出疲劳剩余寿命 T，取 $T=100$ 作为极限警戒值，取 $T=300$ 作为异常触发值。

f）对于桥梁结构加速度可取峰谷差值 $0.276g$ 为极限警戒值，可取峰谷差值 $0.036g$ 为异常触发值。

g）对于腐蚀深度，可取索塔承台处腐蚀深度 8.30mm，索塔锚索区处腐蚀深度 5.20mm 作为极限警戒值，取索塔承台处腐蚀深度 6.23mm、索塔锚索区处腐蚀深度 3.90mm 作为异常触发值。

12.2.8　基于监测数据针对结构的异常分析，除了利用结构的相关参数与状态指标，监测数据本身的数据结构与规律也是反映结构是否出现异常情况的一个重要根据。对于某一物理量的监测数据本身，虽然其幅值在允许范围之内，但是如果其数据变化规律或者其数据结构特征发生了变化，同样也说明结构出现了不寻常的变化和异常。

12.3 性能评估

12.3.1 结构性能评估的内容源于结构功能实现的要求性能，主要分为安全性能、使用性能、耐久性能及其他若干性能。考虑到对于土木交通结构，其安全的重要性，以及其长期有效运营的功能需求，结构的安全性能、使用性能、耐久性能通常被放在第一位，作为重点考察对象。本规范的性能要求主要也是针对结构的安全性能、使用性能、耐久性能进行说明。

结构的性能评估可根据由光纤传感获得的对结构状态参数的全面识别而直接进行评估。同时，为了对结构进行更好的评估，也可同时采用其他手段所获得的信息（如结构的相关书面资料以及通过结构检测获得的相关参数和指标）进行综合评估。结构检测过程中，在条件许可范围内，可使用光纤传感系统进行传感测试。如桥梁结构进行荷载试验时，可根据事前已经布设的光纤传感系统，获得对应工况下的应变、加速度、转角等各项指标，而无须再布置应变计、加速度计等传感器。

12.3.2 交通工程结构性能的状态和水平衡量同样需要落实到具体的参数指标上来进行体现。本条文主要介绍结构的安全性能、使用性能、耐久性能及其他若干性能的常用性能指标。值得注意的是，这些不同性能方面的指标并不能割裂的，而是相关联的，比如裂缝宽度，可以在安全性能指标中体现，也可以在使用性能中体现。

12.3.3 结构性能评估的方法有多种，既有对于单一指标的评估，也有对于结构整体的评估，既有基于确定性分析上的评估，也有基于考虑不确定性的评估。在结构性能评估的实际应用中，需根据工程结构实际需要选用合适的评价方法。一般来说，单一指标的评估相对比较简单。由于结构拥有多种类型多个具体的性能指标，除了一些关键性的指标，很难说某个具体指标一旦超标，结构整体性能就不满足要求。在实际操作中，往往会针对众指标进行综合评估，一个常用的方法就是建立一个分级评估体系，对每个指标进行打分，最后通过公式算出最终性能得分，并据此对结构性能进行分级，这是一种实际操作性极强的方法，目前已被广泛使用。本条文则是针对结构的安全等级评定作了一些相关的说明。

12.3.4 考虑到实际工程中的不确定性，基于可靠度的结构评估分析也是评估领域中的一大热点。在结构可靠度分析中，需要考虑构件和体系两个层次，分别计算构件可靠度和体系可靠度。构件可靠度一般可采用一次二阶矩 FORM 法（First-Order Reliability Method）、二次可靠度 SORM 法（Second-Order Reliability Method）、国际结构安全性联合委员会（JCSS）推荐的 JC 法，以及蒙特卡罗（Monte Carlo）法等进行计算分析。对于体系可靠度，一般可采用界限估算法、串并联及混联体系法、概率网络估算法、分枝界限法等进行计算分析。

12.3.5 本条文对结构抗震性能评估的几个常用方法进行了说明，具体方法有：

a) 经验法。基于经验法的结构抗震性能评估，是依据之前大量的地震灾害及结构受损情况的数据统计，制定相应的经验公式或桥梁的易损性模型，根据传感器所获取的土场及桥梁结构参数，参照相应的经验公式或易损性模型，推算出桥梁结构在某种地震作用下的受损程度和性能状态。经验法可用于结构震前的抗震性能评估及预测，以及震后的抗震性能评估，但是对某特定结构来说，评价准确性相对较差，只能作为大致的评估。

b) 能力需求比法。在特定设防水准下的地震作用可视为结构的需求，而结构的抗力和容许延性等构成结构自身的“能力”。能力需求比法通过“能力”相对于“需求”的比值而对结构进行抗震评估，能力与地震需求比值大于或等于 1 表明该构件在该水准地震作用下不会发生破坏，小于 1 表明该构件在该水准地震作用下可能发生破坏。

c) 能力谱法。结构的能力谱曲线可由结构通过 Pushover 分析得到的荷载－位移曲线转化而来，而结构的需求谱曲线可由加速度反应谱通过 A-D 转化得到。将结构的能力谱曲线和需求谱曲线绘制在同一张图上,通过图解或数值方法求得两个曲线的交点,即性能点。

d) 概率法。考虑到不确定性,结构的抗震性能分析与评估宜使用概率方法。其抗震分析与评估可在全概率理论的基础上分割成地震危险性分析、地震结构响应分析、结构损伤与破坏分析及损失分析四个阶段,通过这四个阶段的随机变量及其概率密度函数构筑整个结构的抗震可靠度指标。

12.3.6 本条文主要介绍针对桥梁结构不同层次结构的性能评估及其相应评价指标。一般来说,桥梁结构可分为整体层次、构件层次、特殊部位这三个层次进行考察。对于每一个层次,具体又针对安全性能、使用性能、耐久性能等三大方面进行评估。

桥梁结构的构件分类,一般可分为上部结构、下部结构、附属结构三大类。其上部结构形式根据不同的桥梁形式又可分为简支梁、连续梁、刚构桥、拱桥、悬索桥和斜拉桥。

此外,本条文对桥梁承载力评估这个常被关注的性能评估方法也做了说明。

12.3.7 本条文针对隧道结构的性能评估做了说明,在对隧道结构性能进行评估时,一般包含有整体性评价指标、结构安全性评价指标及结构耐久性评价指标这三个方面,在这三个方面又有具体的相应指标。

12.4 累积损伤推演及寿命预测

12.4.1 结构在交变动力荷载作用下将产生疲劳损伤,且会随着动力荷载的持续作用而逐步累积增大,最终引起结构破坏。

12.4.2 对于累积疲劳损伤的推演,世界各国的科学家提出了多种模型,比较常用的有线性疲劳损伤推演、双线性疲劳累积损伤推演、非线性疲劳累积损伤推演和基于概率的疲劳累积损伤推演,其主要区别在于不同累积机制的假设,如按线性累积还是非线性累积,在整个过程中采用一种模式还是采用分阶段多种模式,是否考虑结构疲劳产生的不确定性等。

a) 线性疲劳损伤推演。宜使用 Miner 线性累积损伤准则,假设结构或构件在某幅值应力水平作用下的疲劳寿命为 N_i,则经过相应应力幅值 n_i 次循环后结构(或构件)的损伤度 M 为:

$$M = \sum (n_i/N_i) \tag{22}$$

运用 Miner 准则进行疲劳累积损伤分析时,宜采用以下步骤进行:

1) 获取结构(构件)的荷载(应力)谱,选取合适的荷载(应力)水平。
2) 确定与结构(构件)对应的 S-N 曲线。
3) 对荷载(应力)循环进行计数,并计算损伤程度。

b) 双线性疲劳累积损伤推演。应考虑疲劳过程中的裂缝产生和裂缝扩展这两个发展阶段的不同特性,宜对这两个阶段分别采用线性累积损伤准则进行分析,形成双线性疲劳累积损伤准则。

c) 非线性疲劳累积损伤推演。应充分客观而准确地体现结构的疲劳损伤累积程度,可采用非线性疲劳累积损伤准则进行分析评估。比较常用的方法可采用 Macro-Starkey 准则或 Carten-Dolan 准则。

d) 基于概率的疲劳累积损伤推演。应考虑结构疲劳产生和发展的不确定性,可采用基于概率的疲劳累积损伤理论进行分析,常用的方法是基于概率 Miner 理论的损伤累积推演,用各因素的概率分布来计算累积损伤。

12.4.3 本条文说明了结构寿命的预测方法,结构的累积疲劳损伤推演模型可用于对将来的累积疲劳损伤进行预测,从而预测结构的寿命;同时针对结构的性能退化,可通过试验和分析建立结构性能退化规律,从而对结构的寿命进行预测。